El poder sanador del silencio

BELÉN COLOMINA

El poder sanador del silencio

Transforma tu mente y alcanza
el bienestar a través de la meditación

Grijalbo

Penguin
Random House
Grupo Editorial

Primera edición: marzo de 2023

© 2023, Belén Colomina Sempere
© 2023, Penguin Random House Grupo Editorial, S. A. U.
Travessera de Gràcia, 47-49. 08021 Barcelona

Printed in Spain – Impreso en España

ISBN: 978-84-253-6326-9
Depósito legal: B-785-2023

Compuesto en Pleca Digital, S. L. U.

Impreso en Romanyà Valls, S. A.
La Torre de Claramunt (Barcelona)

GR 6 3 2 6 9

*Ojalá este libro te inspire y te guíe para construir
una vida armónica cultivando en tu mente
las habilidades necesarias en la búsqueda de
la serenidad y el bienestar*

Dedicado a la memoria de mi mejor maestro, mi padre

Índice

PRIMERA PARTE
Antes de empezar a meditar

SEGUNDA PARTE
Beneficios de la meditación

TERCERA PARTE

La práctica de la meditación

CUARTA PARTE
Transformar el sufrimiento en bienestar

Prólogo

En mis talleres presenciales y virtuales siempre recomiendo la práctica de la meditación, y más de una vez he comprobado que algunas personas que no habían meditado nunca sentían que habían encontrado su tesoro. Abrían los ojos y me expresaban «Ha sido maravilloso, qué experiencia más transformadora...». Y yo en ese momento sentía envidia, no sé si sana o insana, pero el caso es que pensaba «A mí esa experiencia transformadora no me ha ocurrido nunca». No soy de las personas que cuando medita, y lo hago casi a diario, encuentra la luz, el sentido de la vida o una huella transformadora. Pero no hay duda de que la práctica regular de la meditación, desde hace muchísimos años, me da quietud, me ayuda a relativizar, a vivir más despacio, a sonreír y a tomarme la vida de otra manera.

La mayoría de los temas psicológicos sobre los que divulgo —ansiedad, comer con serenidad, miedos, autocontrol, motivación— suelen ir acompañados de emociones incómodas, como la inseguridad o el miedo. Siempre hago hincapié en que el fondo de armario de la persona serena son la meditación, el descanso y la actividad física. Las tres Marías. Te invito a que, más temprano que tarde, las incorpores a tu vida de manera incondicional e innegociable. Tu salud física, tu salud mental y tu bienestar emocional dependen de ellas. Yo, que suelo ser bastante coherente con lo que predico, tengo integrado este trío de ases en mi vida. Forman parte de mi autocuidado y autorrespeto, y me han ayudado a vivir con serenidad, que es mi filosofía vital.

Conocí las meditaciones de Belén Colomina durante los meses de confinamiento con la pandemia. Empecé a practicar cada día con ella, y las recomendé a mi hijo, a mi marido, a mi hija..., y también en mis talleres, conferencias y obras de teatro. La voz de Belén, su pausa, sus temáticas, la duración de las meditaciones facilitan esta práctica tan importante.

Meditar suele ser un mundo para una persona que no lo ha hecho nunca. Algunas incluso se estresan meditando. Y todo viene por las expectativas que ponen en ello y por su nivel de exigencia. Cuando meditas, lo que hagas estará bien. No te juzgues, no esperes grandes resultados, no busques hacerlo cada día mejor y, mucho menos, dejar la mente en blanco. Si alguna vez consigues dejar la mente en blanco, es que tienes una pared blanca enfrente. Nada más.

Meditar es algo muy particular, y Belén te anima, a través de este libro tan maravilloso como lo es ella, a que descubras las bases de la meditación, las distintas formas de meditar y las ventajas de esta práctica. Te invita a un entrenamiento en el que descubrirás tu capacidad para transformar la mente, asentarla en un estado de reposo y, desde su calma, aprender a cultivar las habilidades que te conduzcan hacia el bienestar. Podrás aprender las claves para aliviar el sufrimiento y no seguir generándolo, porque Belén te acompaña a descubrirte por dentro y cultivar un lugar seguro en tu mente.

Todos tenemos cinco minutos al día para empezar a cuidar de nuestra salud. Cuando menos te lo esperes, la meditación habrá pasado a formar parte de tu vida como lo es cualquier otra actividad que te hace sentir bien.

Recuerda: amor, compasión y meditación van de la mano.

PATRICIA RAMÍREZ
@patri_psicologa

Introducción

La experiencia de la meditación

> Y en ese vacío en el que dormía la incertidumbre
> descubrí que residía todo: mis guías, mis mons-
> truos y mi valor.

María acudió a mi consulta para tratar un ataque de pánico; no sabía entonces que aquel síntoma de ansiedad sería el detonante del cambio y la transformación de su vida.

Recuerdo perfectamente cómo relató su experiencia; fue un ataque de pánico tan inesperado y potente que pensó que el mundo se desvanecería ante ella, que ya no sería capaz de sostenerse. Creyó que la ansiedad y el sufrimiento que tanto la estaban atormentando habían ganado la partida. «No soy feliz» era la frase que más repetía en su mente, pero tras este episodio se percató de que tampoco estaba viviendo. «Ahí no estaba viva, yo no decidía por mí, sino que lo hacían mis miedos. Ellos eran los que dirigían mi vida... y ahora me doy cuenta».

Efectivamente, el miedo decidía por ella, la angustia la paralizaba, y su cuerpo funcionaba en «modo automático», sin consciencia de sus movimientos, de sus sensaciones. Todo su mundo giraba en torno a la ansiedad, a los diferentes miedos que su mente albergaba, sin equilibrio, sin tregua. Vivía como una autómata escapando de la realidad presente, como si así consiguiera dejar atrás el sufrimiento. Pensamientos de futuro, emociones desreguladas, miedo, preocupaciones, rumiaciones. Vivía creando pensamientos sobre un futuro aterrador, vivía escapando de su vida. No dormía por atender a los miles de pensamientos que decidían visitarla a la hora de conciliar el sueño, ir a inquietarla sin sentido. Su cuerpo abatido por el cansancio y su mente estudiando situaciones que no podría resolver porque ni siquiera existían. Futuribles, hipótesis, rumiaciones. Repetía conversaciones, repasaba la agenda, y ella tan solo quería dormir, descansar. Y, debido a la desconexión con su presente, con su cuerpo y con sus sensaciones y necesidades, empezó a comer cada vez peor. La mayoría de las veces solo comía para aplacar la ansiedad y calmar la angustia, de forma compulsiva; su alimentación estaba muy lejos de la nutrición saludable y muy cerca de una agresión contra sí misma. «Visitaba» las redes sociales más que a sus amigos, una actividad que constituía un modo rápido de entretenimiento sin implicación con el que pasaba gran parte de su tiempo. Era un modo de relación sin contacto que la dejaba «vacía», sin afecto, sin nada realmente importante para sembrar felicidad genuina; una búsqueda compulsiva de noticias, información y opiniones que no alcanzaba a retener, pero no podía frenar su avidez por consumirlas.

Este funcionamiento interno fue adueñándose de María, sin que ella apenas se diera cuenta, con los días, los meses, los años. Un movimiento sutil de su mente que ella adoptó como realidad absoluta hasta que un ataque de pánico la despertó. Pudo detenerse y observar que vivía atrapada en una espiral de sufrimiento que no sabía cómo parar, porque jamás pensó que fuera posible hacerlo. Y ahí, detenida por primera vez en su vida, pudo desvelar la fuerza interna que necesitaba para sanarse. Desde su interior, mediante su voluntad, con el convencimiento de querer vivir de otra manera.

Conociéndose, sanando.

«Desde el silencio de mi mente pude descubrir la vida». Su forma de situarse frente al mundo cambió y lo cambió todo. Se responsabilizó de su proceso de crecimiento interior, conociendo el funcionamiento de su mente y aceptando la realidad tal cual es, con sus claroscuros. Entrenando su mente en la ecuanimidad, pensando en el bienestar común. Dando prioridad a la consolidación de su equilibrio mental y emocional para dejar de estar en guerra con el mundo.

Presencia, plenitud. Una forma de responsabilizarnos del cambio, de la transformación de nuestra mente. Gracias a la meditación, a esa preparación formal en la que decidió detenerse para mirarse de frente, para entenderse, para abrazar todas sus partes y alinear a su yo de modo que ni el egocentrismo ni los miedos volvieran a tomar tanta fuerza que pudieran gobernarla. Ahora María se sentaba junto a ella, en ese silencio virtuoso de su mente para realmente sentirse viva, en paz.

Y la meditación fue llegando a su camino. Acompañándola en su proceso de crecimiento. Fue una herramienta que la ayudó a parar, a entender sus procesos mentales aumentando la introspección. Entrenando la calma mental, la autocompasión y la contemplación del funcionamiento de su ego, de sus voces, de sus esquemas mentales limitantes y su funcionamiento tóxico, para elegir actuar de modo distinto. Para elegir ser libre.

Y así empezó a meditar, siguió meditando y no terminó de meditar.

MEDITAR PUEDE TRANSFORMAR TU VIDA PORQUE PUEDE TRANSFORMAR TU MENTE

En la consulta observo cada vez más cómo los síntomas de ansiedad y depresión crecen y nos atrapan en pasadizos de inquietud, miedo o desesperanza. Nos detenemos ante la vida, con una sensación de vacío que nuestra mente llena de miedos y amenazas. Encarcelados por nuestros pensamientos negativos y sesgados y las autocríticas severas, y conducidos por unas exigencias llevadas a tal extremo que nos dañan, vamos haciendo ajustes disfuncionales que, sin darnos cuenta, perpetúan nuestro sufrimiento y condicionan nuestros hábitos diarios. Autosabotajes inconscientes que nos bloquean en un sentimiento de insatisfacción, angustia o vacío existencial. Olvidamos todo nuestro potencial de crecimiento, nos alejamos del contacto curioso con el presente, del contacto genuino y amable con nosotros mismos. Y esto ocurre cuando nuestras aflicciones y pensamientos nos limitan, nos detienen, nos condicionan de forma desadaptativa. Pero podemos guiarnos hacia el bienestar, cuidar nuestra mente sembrando en ella estados virtuosos, resilientes, fortalezas y cualidades con las que restaurar nuestra capacidad de armonizarnos con el entorno. Podemos restablecer nuestra confianza intrínseca a través de la salud, el equilibrio y la chispa del entusiasmo.

Y por eso en este libro quiero acompañarte en un entrenamiento mental mediante el que trabajaremos para que nuestra mente sea un lugar seguro. Crearemos en ella estados de calma y lucidez para conseguir estabilidad y adquirir una mayor sabiduría y virtud. Estados que te permitirán orientar tu vida hacia el bienestar, aumentar la satisfacción vital y erradicar el sufrimiento. Te presento un camino de exploración interna y autoconocimiento interior en el que entender un poco más los procesos mentales. Te invito a curiosear, indagar y aprender sobre los movimientos de la mente para que puedas encauzarlos hacia un desarrollo virtuoso. Desde la aceptación y la íntima conexión contigo, desde el cobijo del amor bondadoso. Una armonía interna que desencadene el impulso del continuo proceso de desarrollo personal en el que puedas desvelar tu felicidad genuina.

A lo largo de veinte años de experiencia como psicóloga, mi inquietud por acompañar el desarrollo humano hacia la construcción de una vida saludable y satisfactoria me impulsó a ir más allá de los síntomas que nos generan sufrimiento. Potenciar el desarrollo interior y el bienestar requiere un proceso de autoconocimiento y cuidado de la mente. Necesitamos aprender a adquirir hábitos saludables que realmente nos sostengan en la dificultad, que nos ayuden a darle la vuelta a cada circunstancia y nos guíen hacia una vida plena. Y en este sentido, el entrenamiento mental de la meditación puede ayudarte a descubrir la capacidad transformadora que existe dentro de ti.

Con el entrenamiento que te presento te invito a indagar

y conocer el poder de la atención, de lo que siembras y mantienes en tu mente. A aprender cómo tomar una perspectiva ecuánime y sabia, salir de la fusión cognitiva* y orientar tu proceso de crecimiento hacia la armonía. Porque puedes aprender a surfear las olas del sufrimiento, escucharte y atenderte para elegir a cada paso en qué dirección deseas andar tu camino. Desde hoy, desde el presente. Contando con el respeto y el amor por ti mismo y todos los seres. Guiándote desde tu esencia e intención profunda hacia la paz, el bienestar. Te invito a restablecer el equilibrio interno que permita seguir desarrollando tu potencial. **Transformar tu mente desde el silencio de la calma.** Una calma que nos devuelve al momento presente, a este instante en el que puedes crearlo todo. El único instante de vida en el que tienes la capacidad de pensar, sentir y actuar como realmente quieres. Tomando en cuenta el cuidado de tus necesidades y valores esenciales y prestándoles atención.

El propósito del autoconocimiento e indagación para el cuidado de la salud mental es restablecer la confianza en nuestra capacidad de sanar. Cuando síntomas tales como la ansiedad, la angustia, el miedo, el insomnio o la ira llegan a nuestra vida vienen con un mensaje muy profundo. **Si nos quedamos en la superficie, pondremos la tirita, pero no la cura.** Regresaremos una y otra vez al mismo síntoma, a los mismos patrones de funcionamiento, y, por tanto, haremos crecer el sufrimiento. Sin embargo, tenemos la capacidad de

---

* La fusión cognitiva hace referencia a la no diferenciación entre el yo y los pensamientos, experimentándolos como una sola cosa. El hecho de sentir que «yo soy los pensamientos» nos impide gestionarlos, y, por tanto, quedamos expuestos a la arbitrariedad de lo que surja en nuestra mente.

adquirir sabiduría y habilidad en el adiestramiento mental para sostenernos compasivamente ante el sufrimiento, transitarlo sin causar más daño y saber prevenirlo y aliviarlo. Se trata de aprender a contemplar el síntoma como un desafío para despertarnos y entender sus causas y condiciones, de dónde surge y cómo podemos aplicar los diferentes antídotos para no seguir alimentándolo; atender nuestras necesidades subyacentes para que no queden veladas por la compulsión de una vida conducida por las altas exigencias, el estrés, la velocidad de nuestras comunicaciones, el desaforado consumo de información, la confusión entre hedonismo y felicidad genuina. Un continuo proceso de interrelación disfuncional con el entorno que nos va intoxicando y del cual necesitamos aprender a depurar. Necesitamos regresar a nuestra armonía esencial.

Y este proceso no pasa por obtener soluciones rápidas, que requieran poco esfuerzo y que duren para siempre. A veces buscamos el remedio en una excitación que nos distraiga y apacigüe el malestar o que anestesie la sensación de sufrimiento, pero esto no funcionará a largo plazo. El bienestar genuino se consigue con continuos ajustes entre nosotros y el entorno que restablezcan el equilibrio en cada una de las circunstancias. Un arte que nos enseña a vivir de forma armónica, conscientes de nuestros hábitos, de la importancia de nuestras respuestas ante lo que nos sucede, del poder de la atención, de lo que sembramos en nuestra mente, de la trascendencia de construir una vida que llene de sentido cada día. Y por eso la meditación, además de una herramienta, es un camino, una forma de presenciar la vida a través de la virtud, de la sabiduría interna.

Si no cuidas lo que piensas, si no cuidas a lo que prestas atención, tu mente podrá llevarte a mundos realmente oscuros y aflictivos. Observar sin reactividad, sin juicio, te ayudará a relativizar, a adoptar una perspectiva que te guíe hacia el bienestar, hacia la satisfacción de tus necesidades subyacentes sin dañarte y sin dañar. Atender y cultivar la generosidad, la ética, el amor y la compasión, la paciencia, la aceptación y la sabiduría te permitirá contrarrestar los mayores obstáculos mentales. Y por eso la práctica de la meditación es una incesante experiencia de desarrollo y disciplina mental que se transforma continuamente en camino y se traduce en actos para alcanzar la plenitud y el bienestar. Un proceso en el que aumentamos nuestro nivel de introspección y potenciamos nuestro estado de consciencia para inclinarlo hacia el cuidado y el desarrollo saludable de nuestra mente. Con la meditación cultivamos la calma mental y las cualidades internas que nos permiten enfrentarnos al sufrimiento y la dificultad desde el amor y el coraje compasivo.

La meditación es un medio hábil para entrenar la mente, restablecer el equilibrio y la calma interna que favorezcan el crecimiento. Para ello te propongo soltar expectativas y condiciones. Simplemente, explora. La meditación es una experiencia, no un resultado. No podemos meditar si estamos pendientes de encontrar algo o de conseguir un objetivo. Esto más bien te alejará de la experiencia del contacto con tu naturaleza esencial. Te alejará de tu mente experiencial para situarte de nuevo en la mente discursiva y activar tus viejos patrones condicionados y repletos de exigencias, críticas y comparaciones. Limítate a ser testigo de lo que ocurre, sumérgete en la experiencia de descubrirlo. Con curiosidad, sin juicio.

Este libro es una invitación a explorar tu poder de transformación, el silencio interno que te ayudará a elegir, a cada instante, qué sembrar en tu mente y qué cultivar con tus acciones. Una invitación a entrenarte para el bienestar y el equilibrio emocional mediante las diferentes prácticas de meditación que te presentaré a lo largo de sus páginas. Te acompañaré en un entrenamiento mental que puede ser integrado en tu día a día como vehículo para el desarrollo personal, en un contacto íntimo contigo mismo en el que desvelar tu estado genuino de paz, de armonía. Descubrirás las pautas básicas para iniciarte en la meditación y las principales prácticas con las que empezar a preparar tu mente. El entrenamiento se complementa con una guía para entender cómo generamos sufrimiento y los modos de erradicarlo. Aprenderemos a observar los principales obstáculos, cómo son los autoengaños del ego, las distorsiones cognitivas, los patrones de funcionamiento sesgados e irracionales. Porque detenernos y hacernos responsables de cómo pensamos, cómo sentimos y cómo actuamos es una de las claves del bienestar y del entrenamiento. En la consulta tomo conciencia de que la mayoría de las preguntas solo obtienen respuesta buscando y entendiendo el interior de nuestra mente. Asumir la responsabilidad no es una carga, es la gran oportunidad de crear respuestas biopositivas* ante lo que nos sucede y ante la pregunta de cómo deseamos vivir.

No esperes que sucedan cosas, las cosas ya están sucediendo, solo has de estar lo suficientemente despierto para

---

* Cuando usamos el término «biopositivo» nos referimos a la parte nutritiva, funcional y constructiva del supuesto. Con «bionegativo», en cambio, nos referimos a la parte tóxica, disfuncional y no adaptativa.

**verlas, lo suficientemente convencido para prestarles aten-
ción y lo suficientemente entrenado para redirigirte hacia donde tú quieras.** No te quedes en un garaje a oscuras. Te invito
a iniciar tu propio viaje interno.

Ojalá llegues lejos. Que disfrutes del camino, que aprendas de las dificultades y que, cuando te detengas, sientas la
plenitud y la satisfacción de tus días.

Confía.

Desvela la dicha interna.

PRIMERA PARTE

Antes de empezar a meditar

1

Orígenes de la meditación

Un origen ligado a un vacío.
Un vacío ligado a un contenido construido
por el ser humano.
Un ciclo en el que parece que todo enlaza y
nada existe.
Quizá necesitamos las explicaciones, entender. Pero lo que más necesitamos es regresar sin
miedo al vacío.

La meditación es una de las herramientas más eficaces para
entrenar la mente. Existen numerosas prácticas de meditación que se mantienen vivas desde hace más de dos mil qui-
nientos años y, aunque han sido vinculadas a la religión, no
son un ejercicio religioso.

No podría escribir sobre ella sin mostrar mi respeto y
agradecer que tantas culturas, religiones, filosofías y lina-
jes la fueran cuidando y transmitieran su esencia de generación en generación, y sin dar las gracias especialmente a
mis maestros, que me enseñaron toda esa sabiduría del
modo más fiel posible a la manera como la recibieron ellos
de sus maestros.

Es una herramienta al servicio del desarrollo del potencial humano y dedicada al estudio introspectivo de la mente. Contemplada por diferentes culturas, la filosofía y práctica de la meditación avanzó de la mano de Oriente y Occidente, de la religión y de los yoguis, de los estudiosos de la mente, los filósofos, los psicólogos y, más recientemente, de la ciencia. Un amplio recorrido que demuestra cómo para el ser humano la mente fue, y sigue siendo, un gran misterio que indagar para descubrir lo más esencial de nuestro ser. Preguntas existenciales sobre el sentido de la vida y el origen del Yo que nos siguen acompañando tanto como el propio sufrimiento y el anhelo de ser felices.

Una de las particularidades del ser humano es que, siendo igual a los demás en esencia, el entorno lo condiciona creando unas diferencias contextuales, culturales y educativas que referencian sus hábitos. Por ello, según la tradición de la que hablemos, la práctica de la meditación sigue una u otra metodología. Pese a tener características particulares, todas persiguen el propósito de desvelar nuestra sabiduría primordial. Una sabiduría a la que podemos acceder una vez eliminemos las sombras y los velos que la ocultan. La meditación es una práctica difícil de describir mediante el intelecto; es muy complicado definir lo que no tiene límites.

Siendo una herramienta de observación del comportamiento y funcionamiento de nuestra mente, no es una técnica de un solo uso, sino una forma de comprender la naturaleza de la realidad. Requiere sistematización y constancia para indagar en profundidad, con la aspiración de ser testigo de lo que sucede. Por ello, la meditación se define también como un camino hacia el desarrollo espiritual. No podemos acotarla, perdería su significado, sino considerarla una vía para la transformación en la que la introspección y las habilidades mentales redundan en beneficio del ser humano. Gracias a innumerables maestros que dedicaron su vida a la meditación, tenemos hoy acceso a las enseñanzas que nos guían y podemos contemplar las profundidades de nuestra mente, el funcionamiento del ego y sus patrones, las distorsiones y aflicciones, sin disolvernos en ellas. Nos convertimos en testigos que observan sin juzgar, en seres contemplativos que estudian el funcionamiento de la mente, en aprendices que se forman para erradicar el sufrimiento desde su raíz y en los actuantes que generan las condiciones que fructifican en el bienestar y la felicidad de todos los seres.

Sus orígenes se remontan a civilizaciones antiguas que se basaban en la tradición oral. Cuentos, historias y enseñanzas se transmitieron a lo largo de más de cien generaciones y se fueron tejiendo para sostener la inquietud de trascender del ser humano. Afortunadamente, también contamos con una amplia documentación escrita, cuyos primeros registros son los de la tradición hindú. Desde los inicios se analizaron temas complejos tales como la cognición, la forma de organizar el pensamiento y la importancia de la actividad consciente. Se indagó acerca de cómo la mente, igual que una rueda compleja llena de engranajes condicionados, puede adoptar infinidad de posiciones que conforman diferentes estereotipos psíquicos o temperamentos. Esta tradición nos deja, a través de los Vedas (datados entre 1500 y 1000 a.C.), todo un legado sobre el complejo mundo interior y el propósito de la existencia.

Un tiempo después, entre 500 y 600 a.C., surge una de las escuelas más influyentes para el desarrollo de la meditación, la escuela filosófica hindú Vedanta Advaita. El Vedanta ofrece un método práctico para educar la mente y transformarla en el vehículo de reencuentro con lo divino o real. Su filosofía sostiene que, mediante la atención continua, el individuo comprende la permanencia de la consciencia en la que descubre que su noción de individualidad fácilmente se desvanece. De esta etapa histórica también son unos textos muy relevantes para la meditación, tales como el *Bhagavad Gita* (300 a.C.), donde la meditación se considera un vehículo para el desarrollo espiritual; el *Vedanta Sutra* (200 a.C.), donde la meditación ha ido ligada a la filosofía del yoga, o los *Yoga Sutras de Patanjali* (400 a.C.), donde se contempla la práctica de la meditación como el séptimo de los ocho pasos del yoga.

La tradición de la meditación budista nace en la India con la iluminación del sabio Sidharta Gautama, un príncipe que abandona la vida cortesana para dedicarse a la meditación y que, al alcanzar el conocimiento de la verdad absoluta, se convierte en el Iluminado, Buda. El budismo no cree en un dios o en la liberación exterior, sino en la liberación interna del sufrimiento y sus causas. Para el budismo, el sufrimiento es inherente a la vida. Lo retroalimentamos a través de las ataduras condicionadas de nuestra mente. Así, mediante la meditación y una conducta ética, la mente se entrena para liberarse de estas ataduras adquiriendo sabiduría y compasión. El budismo se dividió en diferentes corrientes, tales como Theravada, Vajrayana o la tradición zen.

Ligamos el origen de la meditación a la cultura oriental, pero su influencia en Occidente fue mucho más temprana de lo que solemos creer. En el siglo XVIII empieza el auge de su crecimiento y expansión por Occidente. La traducción de *El libro tibetano de los muertos* al inglés y el *Siddhartha* de Hermann Hesse supusieron un gran impulso para su difusión. Además, *Siddhartha* es uno de los ejemplos de la meditación contemplada a lo largo de la historia como herramienta de autoconocimiento, desligada de la religión y vinculada al desarrollo espiritual del ser humano.

De hecho, la meditación se constituyó como uno de los pilares de la historia de la filosofía.

Entre los siglos III y IV a.C. la encontramos en textos de la filosofía socrática, en la que podríamos destacar a Platón como uno de los filósofos más influyentes de nuestra historia. Platón consideraba que tanto los sentidos corporales como el pensamiento ordinario serían insuficientes para la contemplación del Ser y un obstáculo para alcanzar la sabiduría última. En su libro *La República*, Platón describe el mundo como una caverna en la que el hombre vive encadenado desde su infancia y atrapado por los juegos de sombras que la luz exterior proyecta dentro de ella. Una luz exterior que el hombre no puede ver, porque las ataduras no le permiten girar la cabeza para observar lo que ocurre afuera. De esta manera, el hombre encadenado en el mundo de las sombras no concibe otro modo de existencia. Platón defiende que la filosofía y la visión contemplativa podrían liberar al ser humano de este engaño. Mediante la comprensión de su situación y del origen de las sombras podría guiarse en el camino de la liberación de las cadenas y dirigirse a la luz exterior. Una liberación hacia la verdadera vida.

Así, tanto en la vida diaria como en la práctica meditativa, nos topamos continuamente con sombras o espejismos y hemos de esforzarnos para mantener la debida y constante concentración para no quedar atrapados en ellos, en la ignorancia, y avanzar hacia la sabiduría. La meditación nos ayuda a deshacer la dualidad de la realidad para acercarnos a la comprensión de la vacuidad.

En esta época (siglos iii y ii a.C.) también destacamos la influencia de la escuela estoica, que proponía la meditación para cultivar las virtudes mentales como fuente de verdadera felicidad o *eudaimonia*. Así, Epícteto, uno de los exponentes de esta corriente filosófica, defendía que «lo que nos perturba no es lo que nos ocurre, sino nuestros pensamientos sobre lo que nos ocurre» (Epícteto, *Manual*, 5). La meditación reflexiva era una de las herramientas estoicas más desarrolladas, entre las que destacan las de Marco Aurelio. En ellas se contempla cómo son los juicios que creamos sobre las cosas los que nos conducen al sufrimiento, siendo nosotros los responsables del cultivo de nuestro propio bienestar. Para los estoicos, el hombre libre es el hombre que sabiamente ha aprendido a aceptar la vida con ecuanimidad y serenidad. Al respecto, Epícteto afirmaba «no pretendas que los acontecimientos sean como quieres, sino que intenta que los acontecimientos sean como son y vivirás en la serenidad» (Epícteto, *Manual*, 8). Prestar atención a vivir el presente es una actitud estoica ante la vida; una atención continua, sin tensión, de incesante vigilancia para no dejarnos perturbar por el pasado ni inquietarnos por un futuro que no existe, pues el ahora es la única realidad que habitamos. Como reflejó Séneca en *Cartas a Lucilio*, I, 1, «Mientas esperamos a vivir, la vida va pasando».

Es interesante también la visión de Plotino (siglo III) por su influencia en la teología y filosofía occidental. Una visión muy mediatizada por las doctrinas orientales que circulaban por Alejandría, tales como las corrientes budistas e hinduistas que llevaron los viajeros sakyas a Egipto. Plotino trabajó en el desarrollo de las técnicas de meditación y nos muestra a través de la imagen de Narciso reflejada en el agua de una fuente el error de confundir esta sombra o imagen con la realidad, y el daño que puede causarnos la confusión. La interpretación de este mito contiene muchos registros, pero Plotino lo examina para mostrar el error de la confusión, defendiendo la importancia de la contemplación como vía para adquirir el conocimiento. En su relato, Narciso muere al hundirse en el agua cuando, al ir a beber de una fuente, confunde su reflejo con otra persona y se enamora de ella. Se presta tanta atención y se acerca tanto al agua que finalmente se ahoga, fundido con su propio engaño.

Siguiendo la cronología, Filón de Alejandría (nacido hacia el año 20 a.C.) escribió, en diversas partes de su obra, sobre ejercicios espirituales que involucraban el desarrollo de diferentes temas clásicos de meditación y concentración mental, tales como la dualidad. A modo de ejemplo podemos señalar que en su interpretación de la Biblia se observan análisis filosóficos ya contemplados por Platón y los estoicos, o su defensa de que el desapego de los pensamientos que el hombre experimenta puede aproximarlo al desarrollo espiritual, mientras que el apego al conocimiento que proviene de los sentidos lo conduce simplemente a acumular experiencias que no le permitirán alcanzar la paz.

Otros pensadores que introdujeron la práctica de la meditación fueron los padres del desierto, cristianos refugiados en los desiertos de Mesopotamia, Egipto, Siria y Palestina, que entre los siglos III y VII vivían como ermitaños sumidos en la contemplación y el silencio buscando el crecimiento espiritual. Contemplaban la «toxicidad» de los pensamientos no cuestionados ni controlados, puesto que el hecho de que lleguen a perturbarnos no depende de nosotros, a diferencia del hecho de que permanezcan en nuestra mente para dañarnos. Anhelaban la paz interior, que cultivaban con un estado de calma, reposo y soledad considerado necesario para la contemplación espiritual de los seres.

En sus orígenes, por tanto, podríamos definir la meditación como una herramienta que ha ido ligada a la historia de la humanidad, ligada a la historia de la mente humana. Por ello me gusta relacionar su origen con la curiosidad por los aspectos existenciales del ser humano y de la mente, desde el punto de vista de la no dualidad y respondiendo a la necesidad primera de sosegar y calmar la mente, desapegarse de los pensamientos y desvelar así la realidad oculta bajo ellos. Una necesidad de autoconocimiento, de bienestar interno, que no surge del exterior sino de la liberación de las cadenas de la mente. Necesidad de entender cómo causamos el sufrimiento y que existe un método para liberarnos de él. Un método al que llamaron «meditación».

Como decía Sri Nisargadatta «la meditación es un intento deliberado de penetrar en los estados más altos de la consciencia y finalmente ir más allá de ella» (*Yo Soy Eso*).

Muchos años de legado, muchas generaciones indagando y contemplando la mente humana. Registros y experiencias que, más recientemente, despertaron el interés de la ciencia por el método y por probar sus múltiples beneficios. Hoy, la ciencia puede demostrar cómo la meditación influye en nuestra salud física y mental.

Bienvenido a la práctica de la meditación.

2

Cómo meditar: principales recomendaciones

> Y me senté en el regazo del silencio. Recordé que
> podía encender la luz. Que podía guiarme y re-
> tornar a lo esencial.

Mediante la meditación es posible descubrir los secretos más profundos del yo y de su relación con el mundo. Una relación íntima de conexión que puede llegar a transformarnos. Una experiencia que difícilmente puede ser entendida si no es a través de su práctica. Por ello, te invito a que, sea cual sea tu momento, te hagas este regalo de vida.

No hay nada que buscar, ni un resultado que obtener, sino un camino que transitar. Hazlo con un sentido pleno, a cada paso, cada día. Sin prisas ni exigencias, sino integrando su práctica al ritmo adecuado a tu necesidad. Cuando se convierta en un hábito, el método y la técnica se unirán a tu día a día, sin esfuerzo, con la fluidez suficiente para descubrir el mundo desde una perspectiva bien distinta. Mucho más amplia, ecuánime y compasiva, integrando una mayor sabiduría que diluya los límites del yo.

LOS PRELIMINARES

A continuación te ofrezco algunas recomendaciones para que puedas guiar tu práctica de forma efectiva.

Intención

Antes de empezar a meditar te invito a cerrar suavemente los ojos, realizar un par de respiraciones profundas y lentas y sentir cómo late tu corazón. Te invito a habitar este instante presente abriendo la ventana hacia tu interior. Acompáñate a sentirte, atenderte y escucharte por unos momentos. Con amabilidad y un espíritu abierto que te empuja a saber de ti, a conocer tu mente, a conectarte contigo mismo. Y en ese lugar íntimo y genuino, reflexiona sobre la intención que te empuja a meditar. ¿Qué aspecto de ti es el que te lleva a iniciarte en la meditación o a seguir profundizando en su práctica?

Tu intención es importante, es el valor que determina tu dirección y otorga un significado al movimiento diario hacia la adquisición del hábito. Este propósito es el que guiará y dará sentido al esfuerzo que la práctica requiere. Realmente, la intención es una de las meditaciones más poderosas para iniciar la transformación. Implica hacer consciente tu guía interna. Tras cada acto, consciente o inconscientemente, vive un propósito, una necesidad que clama ser escuchada y atendida para poder darle una satisfacción saludable. Esta es la dirección de nuestro desarrollo y que no siempre sabemos seguir convenientemente. **Nos bloqueamos porque tenemos**

miedos, no sabemos apoyarnos, no conectamos con lo que necesitamos o lo confundimos, y nos trabamos en el camino. Es entonces cuando caemos en conductas torpes que no expresan lo que realmente deseamos y que no llegarán a resolver nuestras necesidades. Nos conducirán muy fácilmente a una espiral de insatisfacción o sufrimiento. Así, atender conscientemente a nuestra verdadera necesidad e intención en la práctica podrá guiarnos para establecer una buena dirección en el método.

Siempre hay una intención, algo te movió a empezar este libro, a curiosear en qué es la meditación, a practicarla o simplemente a saber de ella. Hacerla consciente es desvelar tu necesidad genuina desde el principio de tu camino. Sea el que sea, es tu primer paso y está bien atenderlo. Una vez inicies la práctica y vayas profundizando en la comprensión, puede que encuentres un propósito más amplio por el que incluir la meditación en tu vida. Esto es algo que sucede, puesto que nos movemos y crecemos junto a ella. Simplemente muéstrate abierto y listo para aceptar la realidad presente, y dispuesto a cambiar. Tu intención ofrecerá el marco que contenga tu entrega a la experiencia de la práctica de la meditación, a la que podrás regresar cuando sientas que te has perdido.

Implicación, curiosidad y armonía

Meditar requiere disciplina mental, y esta requiere tu implicación tanto en la práctica formal como en cada una de las actividades que realices en tu día. Requiere dedicar a la práctica un tiempo y espacio en tu vida, llenando el espacio de un sentido más amplio que te ayude a trascender las demandas del ego. Meditar es como un camino, un cambio interior que irá permeando en ti, cada día. Y esto precisa flexibilidad y la frescura de una mente curiosa y despierta que va al encuentro consigo misma, sin juicios. Al principio solo ocúpate de explorarla, estudiarla, practicarla. Trata de acompañarte y entenderla en su despliegue, y con el tiempo, y apenas sin que te percates de ello, irás descubriendo cómo los múltiples beneficios van surgiendo gracias a la transformación de tu mente.

Gracias a esta determinación podrás ir armonizando, en un sutil y claro equilibrio, tu mente y tu cuerpo para facilitar el proceso meditativo. A continuación veamos algunas de las acciones que facilitan dicho proceso.

ACCIONES PARA ARMONIZAR MENTE Y CUERPO
Ejercicio adecuado
Respiración adecuada
Relajación adecuada
Dieta adecuada
Actitud mental adecuada

Para evitar toda distracción de la mente son necesarios un cuerpo y una psique sanos, ya que, si existen molestias de orden físico o emocional, los obstáculos complicarán la práctica de la meditación e incluso la impedirán. Todo el sistema físico, tanto externo como interno, debe mantenerse constantemente a tono, sano y dinámico. Unos hábitos saludables, una dieta y un descanso adecuados y un nivel de actividad y ejercicio óptimo facilitarán que tu cuerpo esté en equilibrio para conseguir entrenar la mente sin resistencias, en armonía. Dos sistemas que se retroalimentan y que necesitamos cuidar para restablecer su continuo ajuste funcional y saludable.

Un tiempo para conectar contigo

Al igual que haces al adquirir cualquier otro hábito, necesitas establecer un tiempo delimitado previamente para consolidar tu práctica. Un tiempo reservado para conectar contigo y tu práctica de meditación. Apaga el móvil y los dispositivos y asegúrate de que nadie te interrumpirá. Uno de los mejores horarios es por la mañana, antes de iniciar el día. En estas horas tranquilas, después del sueño, la mente está clara y no se ve agitada por las actividades, distracciones y preocupaciones generadas a lo largo de la jornada. La mente se mantiene más fresca y receptiva, y la concentración se logra sin esfuerzo. Si no es posible meditar a esta hora, elige otro momento del día en el que la mente no se halle envuelta en las actividades cotidianas.

Sé realista, lo más importante es la regularidad. Encadenar la meditación a un hábito ya establecido te hará más fácil introducirla, sobre todo si ya tienes preparado un espacio adecuado y listo para practicarla.

Iniciarte con una práctica de entre 7 y 10 minutos está bien, luego progresivamente ve aumentando el tiempo para mejorar el entrenamiento. La duración de una práctica transformadora oscilará entre los 21 y los 41 minutos, pero al principio no seas demasiado exigente, es más importante que vayas adquiriendo el hábito y que el tiempo empleado realmente sea efectivo. Solo tú conoces tus limitaciones y resistencias, así que trata de acompañarte, sin acomodarte ni empujarte fuerte.

Aliéntate y cree en ti, marca un tiempo adecuado y ve ampliándolo poco a poco junto al número de sesiones diarias. Por ejemplo, si realizas sesiones cortas de 10 minutos, un buen entrenamiento contemplaría una meditación por la mañana, otra antes de empezar la tarde y una tercera por la noche. Si tus meditaciones ya son de un tiempo efectivo de entre 21 y 41 minutos, una práctica por la mañana y otra por la noche te ayudarán.

¿Cuándo sabré que puedo ir aumentando el tiempo?

Esta es una pregunta común y a veces refleja exigencia o prisa por llegar a un resultado u objetivo. Obsérvala sin juicio, sin un «debería» preestablecido. Sabrás que puedes ir aumentando tu práctica porque la estabilidad de tu atención mejorará. La efectividad de la meditación incrementa la capacidad de mantener la atención en el objeto meditativo, por lo que empezarás a notar que tu mente no se dispersa tanto y que, cuando lo hace, te percatas de ello mucho antes. Si revisas las seis fases de la meditación que describo al final de este capítulo, verás que empiezas a sostenerte durante más tiempo y que la meditación es de mayor calidad en las cuatro primeras, y cada vez tardas más en llegar a la fase de distracción. Aun así, es importante que te propongas un tiempo de progresión, tal y como lo harías en un entrenamiento físico, porque no puedes esperar a que todo salga bien para seguir avanzando. El entrenamiento es dar cada día un pasito más.

«Pensaba que jamás lo lograría.
La velocidad de mi mente me agobiaba»

Esta sensación es muy común al principio del entrenamiento. Cuando por primera vez nos sentamos a meditar descubrimos la cantidad de eventos mentales que transcurren por nuestra mente y la gran velocidad a la que pueden llegar a presentarse. Observamos un continuo de pensamientos o sensaciones agobiantes que pueden hacernos abandonar. Sin embargo, es imprescindible serenarse para conocer los procesos y el funcionamiento de nuestra mente, y hemos de conocer nuestra mente para entrenarla y reconducirla hacia la calma.

Vivimos en un constante discurso interno con el que podemos fusionarnos y confundirnos muy fácilmente. Necesitamos practicar para conseguir no prestarle tanta atención, para dejarlo pasar relegándolo al fondo relacional de nuestra experiencia inmediata, para aprender a darnos cuenta de cómo nos fusionamos con los pensamientos y adoptar la perspectiva ecuánime y lúcida que nos permita avanzar hacia estados virtuosos y adaptaciones saludables en nuestra experiencia. Porque es en el instante en el que tomas conciencia de dicho discurso cuando recuperas el control de la atención para poder redirigirla a la experiencia presente. Sin lucha, sin juicios, sin tensión. Es un continuo entrenamiento en atención.

LOS DIFERENTES TEMPLOS DE LA MEDITACIÓN

En nuestro interior reside el templo más espacioso y noble donde cultivar los diferentes estados virtuosos de la meditación. Nuestra mente y nuestro cuerpo han de ser contemplados como ese lugar digno de ser cuidado, atendido y amado para que puedan desplegar todo su potencial de crecimiento y transformación. Así, acompañarnos de un espacio físico armónico, una postura corporal adecuada y una disposición mental alineada favorecerá la práctica de la meditación. Parte de la práctica transcurre en la contemplación de cómo lo que hacemos afuera es el reflejo de lo que sucede por dentro. Nuestras proyecciones en el mundo exterior pueden confundirnos o pueden servirnos de apoyo para cultivar una mente sana. Así, nuestras acciones y la forma en que cuidamos de ellas favorecerán nuestro hábito de meditación.

Empezaremos por los tres pasos más sencillos que llevarán a nuestra mente y nuestro cuerpo a establecer un adecuado entrenamiento, facilitando a su vez la adquisición del hábito: el cuidado del espacio físico, la conciencia de la postura corporal y la disposición de la mente.

El espacio físico

Contar con un espacio físico al que acudir a meditar es un buen anclaje para la mente. Al igual que cada tarea tiene un espacio reservado para hacerla, necesitamos un lugar especial donde entrenar nuestra mente. Comemos en la mesa, dormimos en la cama, entrenamos el cuerpo en el gimnasio, trabajamos en un despacho, y estos espacios nos ayudan a centrarnos en la tarea que nos hemos propuesto hacer. Tener tu espacio de meditación será reservarle un lugar tranquilo que te invite a la práctica y que facilite la disminución de tu actividad mental. Este condicionamiento te permitirá centrarte, relajarte y establecer el foco de tu atención sosegada cada vez en menos tiempo. Te ayudará a eliminar muchos de los obstáculos que dificultan la meditación.

Cuida que sea limpio, con pocas distracciones, que sea confortable y te sugiera calma. En él haz un uso consciente de la tecnología, apaga el móvil y las pantallas y ten listo todo cuanto necesites para la meditación: una esterilla para tumbarte, o un cojín, un banco de meditación, o una silla si meditas sentado, una vela, incienso, un mala. El tiempo que pases en este sitio es para conectar exclusivamente contigo.

La postura física

En la meditación, cuidar de la postura física es importante porque condiciona el estado mental. Es preciso prestar atención al cuerpo y habitarlo con una consciencia amplia, con una firmeza relajada, sin tensiones, en una postura cómoda, inmóvil y estable, y con una respiración fluida. Así convertimos la postura en una asana de meditación. Busca una postura corporal en la que sentirte enraizado y que a la vez cree la sensación de espaciosidad; lista para permitir el libre fluir de tu respiración, dejar ir las tensiones de los obstáculos que puedan aparecer y las aflicciones. Conseguir adoptar una postura adecuada proporciona numerosos beneficios:

BENEFICIOS DE ADOPTAR UNA POSTURA ADECUADA
Respirar plenamente, y gracias a esta respiración profunda, calmar la mente de forma natural.
Aportar estabilidad en la práctica meditativa.
Evitar tensiones y dolores innecesarios ya que nos permite permanecer sentados durante periodos largos de tiempo con comodidad.
Unificar la mente y evitar distorsiones y perturbaciones.
Concentrar el foco de nuestra atención.

Existen cuatro posturas que nos facilitan la práctica de la meditación:

1. La postura fácil, con las piernas cruzadas, o flor de loto: sentados en el suelo o sobre un zafú (cojín de meditación).
2. Sentados en una silla, con los pies en el suelo.
3. Sentados sobre los talones o sobre el banco de meditación con las rodillas flexionadas.

En estas tres posturas dejaremos las manos sobre los muslos o en el regazo, una sobre la otra, y mantendremos la espalda recta, alineando cabeza, cuello y tronco, con el mentón ligeramente inclinado hacia el pecho, como si quisiéramos estirar la columna hacia arriba. Para conseguirlo puedes visualizar un hilo invisible tirando de tu coronilla hacia arriba. Hazlo suavemente, alarga y estira sin tensión, para crear espacio en tu columna. Recuerda tener la espalda erguida pero a la vez siempre relajada, observándote cuanto sea preciso para mantener la respiración fluida.

Con esta postura sentirás tu cuerpo en equilibrio. El equilibrio contribuye a aquietar la mente y estimular la concentración, y, lo que es más importante, permite que la corriente psíquica fluya sin impedimentos desde la base de la espina dorsal hasta lo alto de la cabeza. Esto genera una base firme para el cuerpo y forma un circuito regular para el flujo de la energía, que ha de ser restringida en lugar de dispersada en todas las direcciones. De esta manera, tanto el metabolismo como las ondas cerebrales y la respiración decrecen y se armonizan gradualmente a medida que la concentración va aumentando.

4. Tumbados boca arriba, dejando caer los pies hacia los lados, las piernas estiradas y ligeramente abiertas. Las manos con las palmas hacia arriba y recostadas en los laterales del cuerpo. Puedes ponerte un cojín bajo la cabeza o la zona lumbar si tu constitución lo requiere, así como una manta para cubrirte si sientes que disminuye tu temperatura corporal. Es importante que estés cómodo para no tener que moverte durante la práctica.

Elige la postura que mejor se ajuste a tu condición física. Una vez la hayas adoptado, puedes empezar sintiendo el contacto contigo y tu respiración. En este primer momento de la meditación, cuando te colocas en tu postura, puedes hacer consciente la intención, propósito o dedicación de tu práctica.

La posición mental

Tu actitud es fundamental para asumir cualquier reto, construir oportunidades y avanzar en el día a día consciente de cómo quieres afrontar cada una de las circunstancias que devienen. Podemos destacar cuatro actitudes esenciales que favorecerán que tu mente se encuentre lo suficientemente abierta para recibir el cambio propiciando una adecuada introspección.

ACTITUDES ESENCIALES PARA EL MEDITADOR
Disciplina, para sostener el entrenamiento diario.
Humildad, para reconocer lo pequeño y lo grande que hay dentro de ti. Saberse aprendiz y principalmente para seguir asombrándote, aprendiendo y atendiendo a la vida.
Paciencia, para acompañarte en este proceso libre de expectativas o apego a los resultados.
Alegría o estado de ánimo óptimo, vivaz, que te permita sostenerte en la práctica con una mente lúcida.

Cuando realices la práctica de meditación informal, en las actividades diarias, es imprescindible que no olvides acompañar tu conciencia de la armonía y cuidado de estos templos. Tu mente proyectará en cada circunstancia todo el cuidado que le dediques a tu estado y disposición mental y, a su vez, asumirá como suyo el cuidado depositado en tu entorno. Al fin y al cabo, entrenar una mente virtuosa es ser consciente de tus pensamientos, palabras y acciones internas y externas, para redirigirlas en la dirección que tu intención marcó. Entrenarte para cultivar una vida de bienestar es atenderte con la atención plena, la sabiduría y el amor que requiera tu caminar.

Práctica formal e informal de la meditación

La meditación es un entrenamiento mental que puede ser practicado de manera formal, en un tiempo delimitado y reservado para hacerlo, o de manera informal, tomando las actividades diarias como parte del ejercicio de meditación. La recomendación para que la meditación realmente te transforme es que la practiques en sus dos formas para que se integre en tu modo de vida. Para ello propone trasladar cada práctica que realices a la actividad diaria. **Que tu mente preserve el estado meditativo el máximo tiempo posible para que estés todo lo presente que puedas en tu día a día.** Para seguir expandiendo tu conciencia y abriéndote cada vez más a las experiencias. Con sabiduría, confianza y amor, dirigiéndote al bienestar. Porque, pese a que lo que estás ejecutando es algo muy natural, requiere que seas tú quien lo dirija y que te entrenes para que se alinee y armonice con la salud. Requiere que cultives un espacio de confianza y seguridad en tu interior, por lo que es fundamental la intención, la presencia voluntaria. El entusiasmo es una de las virtudes que mejorarán la continuidad de tu práctica a largo plazo.

**Desarrollo del entrenamiento en la práctica
de la meditación. Estadio 1**

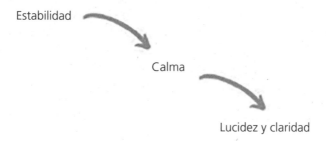

**Desarrollo del entrenamiento en la práctica
de la meditación. Estadio 2**

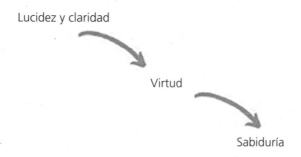

En un primer momento, con las prácticas de meditación iremos desarrollando estabilidad, calma mental, lucidez y claridad. En un segundo momento del proceso de entrenamiento, iremos cultivando virtud, sembrando estados positivos, y sabiduría, mediante el análisis del funcionamiento de nuestra mente.

El resultado completo del entrenamiento, sin duda, es una transformación de tu mente, de tu perspectiva. Si cambias tu forma de interpretar la realidad, estarás transformando tu vida.

Para adquirir una buena práctica meditativa es bueno tener en cuenta las siguientes seis fases del proceso de asentamiento de la mente en su objeto de meditación:

FASES PARA ASENTAR LA MENTE EN SU OBJETO DE MEDITACIÓN
1. Atención al objeto de meditación.
2. Sostenerlo con firmeza.
3. Acompañar el equilibrio.
4. Presenciar la armonía, la coexistencia.
5. Distracción.
6. Regresar al objeto de meditación.

Hay tres aspectos de la atención que son claves para el desarrollo de la conducta y que a la vez nos protegen del sufrimiento y los problemas de nuestra vida: la disciplina, la armonía y la ética.

Entrenamiento: meditación guiada

ESTABLECER LA BASE DE LA MEDITACIÓN

Una vez instalado en tu postura, es el momento de cuidar de ti, de dedicarte un tiempo de presencia. Un tiempo en el que no hay futuro ni pasado, sino todo un presente que habitar. Esto reseteará tu mente, te permitirá sentirte de nuevo espacioso, relajado y preservando este instante precioso.

En primer lugar, relaja progresivamente el cuerpo de arriba abajo. Para ello va bien imaginar que de la cabeza a los pies te va bañando una luz cálida, limpia y agradable. A la vez, respira profunda y lentamente para que al inspirar absorbas la luz y al espirar puedas soltar todas las tensiones o preocupaciones acumuladas durante el día. Si quieres, visualízalas como una sombra negra o unas manchas que sacas fuera de ti en cada una de las espiraciones. Poco a poco sentirás que tu cuerpo queda libre de toxicidades, preocupaciones y tensiones y va entrando en el equilibrio necesario para meditar.

Regula conscientemente tu respiración. La respiración profunda te ayudará a oxigenar el cerebro.

Ahora es el momento de reducir la intensidad de la respiración gradualmente hasta hacerla casi imperceptible. Sigue por unos instantes acompañado de tu respiración fluida. Sin forzar el ritmo, sino descubriendo el ciclo natural de inspiración y espiración; quizá pueda ayudarte contar el número de respiraciones del 1 al 10 y volver a comenzar cada vez que termines.

La regulación de la respiración te llevará a equilibrar el prana, la energía vital.

Si te vienen a la mente pensamientos, sentimientos, imágenes o distracciones, déjalos pasar sin enfadarte. Hazlo de forma amable, como sonriéndoles por dentro. Esto es algo normal que nos sucede a todos, así que simplemente descúbrete en la distracción para regresar al entrenamiento. Mantente atento a la respiración, a su ritmo, a la temperatura del aire al entrar y al salir de tu cuerpo, o en su movimiento natural refle-

jado en tu cuerpo. Hazlo de forma sosegada, sin tensión ni sobreesfuerzo, solo tienes que cambiar el foco de atención. No le prestes atención a tu cabeza pensante, figúrate que en estos instantes solo existe el encuentro amable con tu respiración, con tu vida, con tu silencio. Sumérgete en la profundidad de tu ser y disfruta de tu serenidad, de tu verdad.

No fuerces la mente para que se calme. Obsérvala como si estuvieras mirando una película y se irá aquietando gradualmente; no hay prisa, no tienes un tiempo establecido. Solo tu existencia presente, sin más. No esperes ningún resultado ni busques ninguna sensación. Sumérgete en ti y la mente descubrirá el resto.

Selecciona un punto focal en el que la mente, como un pájaro que necesita posarse, pueda descansar cuando se fatiga. Por ejemplo, el movimiento de la respiración en tu cuerpo, la sensación del aire entrando por las fosas nasales, o imaginar entre estas y el labio superior una pequeña esfera de luz moviéndose al ritmo del aire que inspiras y espiras. Elige aquella forma que más te ayude. Según seas más kinestésico, sensitivo o imaginativo, te será más fácil concentrarte de un modo u otro. Si eres predominantemente cognitivo, analítico, tal vez te ayude visualizar el objeto de la concentración entre ambas cejas. En este caso ten cuidado de no cruzar los ojos ni tensarlos, puesto que eso podría darte dolor de cabeza; asegúrate de mantener los ojos relajados. Y si eres de naturaleza más emocional, quizá te vaya mejor visualizarlo en el plexo solar.

Una vez seleccionado el punto de concentración, sostenlo. No lo cambies.

Ahora, puedes visualizar en él un objeto o símbolo mental que te inspire, como una esfera, un punto de luz o un mantra. Sostenlo mentalmente y coordina la respiración con la visualización o repetición del mantra.

Con el tiempo y la práctica desaparece la dualidad de la conciencia sujeto y el objeto de concentración, pero no te impacientes ni busques este estado. Es como el sueño, que no se busca, sino que llega cuando se crean las condiciones adecuadas, cuando se suelta el control.

Es un estado de dicha en el que el conocedor, el conocimiento y lo conocido se hacen uno. Solo existe la experiencia.

3

Principales obstáculos en el entrenamiento mental

> Tuve que permanecer en la oscuridad.
> Y confiar.

Desde nuestro interior surgen muchos obstáculos que dificultan la transformación y el desarrollo del bienestar. Impedimentos que provienen del ego, el egocentrismo y los diferentes estados aflictivos de la mente. No obstante, podemos aprender de ellos y salir fortalecidos de su movimiento. Podemos aprender a detectarlos para reconducir nuestro entrenamiento hacia la construcción de una vida plena.

A continuación te los presento para que puedas aprender a incorporarlos como impulso hacia tu transformación.

LA MENTE ERRANTE

El exceso de actividades y de información recibida en el día a día nos conduce a un estado mental de continua activación. Cada día entrenamos la mente para que funcione a gran velocidad y cambiando rápidamente el centro de atención. Pasamos de un estímulo a otro constantemente y muchas veces de forma aleatoria. Nos hemos habituado a relacionarnos con el entorno mediante una mente voraz guiada por el ego, el egocentrismo o los diferentes patrones aflictivos. Y cada vez más, nuestra mente divaga y se entretiene entre pensamientos que nos distraen del presente.

Cuando entramos en el mundo de la mente errante, esta nos conduce muy fácilmente a generar un continuo de discursos internos con los que nos fusionamos y que nos alejan de la conexión esencial con nosotros mismos y con nuestro entorno. Una asociación libre en la que podemos pasar gran parte del día, mientras el tiempo transcurre sin nuestra presencia. Un funcionamiento que obstaculiza nuestra visión lúcida y nuestra capacidad de enfoque. Paradójicamente, queriendo vivir con más plenitud y más conectados, utilizamos la tecnología y las actividades diarias para evadirnos, desconectarnos, dispersarnos, anestesiarnos. Y sin querer perdemos lo más valioso de nuestros días: habitar nuestro tiempo. Un tiempo subjetivo que no regresa y al que dejamos escapar entre pensamientos azarosos, rumiaciones o preocupaciones por cosas lejanas que ni ocurrirán. Si no retomamos la atención plena, si no somos nosotros los que domamos nuestra mente, esta seguirá navegando de manera errante y no parará hasta que no se estrelle. Si sufrimos un revés, este nos asombra, nos paraliza, nos deja perplejos ante la vida y ante las preguntas: ¿y dónde estuve mientras tanto?, ¿por qué no viví?

Su antídoto: el equilibrio

En la meditación, el entrenamiento atencional, la percatación y la introspección nos conducen a recuperar el control de la dirección de nuestra mente para reconducirla a la experiencia presente. Gracias a establecer este contacto podemos equilibrar y regular nuestros estados, restaurar el poder de la atención plena y reducir el ruido mental, su velocidad y la fusión con el parloteo constante. Precisamos atendernos para restablecer el equilibrio interno que nos permita satisfacer nuestras necesidades subyacentes. Estar presentes para ajustarnos funcionalmente al entorno.

La mente errante te aleja del contacto contigo mismo y con el entorno. Puede llegar a entretenerte en una vida alejada de tus verdaderos anhelos. Restablecer tu foco, tu intención y tu atención te ayuda a sostenerte en la experiencia presente para rescatar tu necesidad y transformar el vacío fértil en una experiencia satisfactoria y saludable que te nutra.

LA RIGIDEZ MENTAL

La rigidez nos conduce a un modo de vida automático en el que nos negamos a ver las cosas como son. Obstaculiza nuestro crecimiento porque nos impide realizar los cambios que este necesita. Hace que nos resistamos a actualizar nuestro sistema de creencias y nuestros hábitos y a menudo nos encierra en una espiral de sufrimiento. Nos lleva a repetir los mismos errores, caer en las mismas trampas y sentir que no podemos hacer nada frente a lo que «no nos encaja». La rigidez mental es el modo de funcionar que nos lleva a imponer nuestra visión y a recoger la frustración de cuando las cosas no ocurren tal y como habíamos programado. Así, el continuo choque de expectativas provoca estrés e insatisfacción. Es un modo de vida autoritario que nos aparta del poder para restablecer nuestro bienestar, de la fluidez saludable para transformar nuestro presente.

Cuando dejamos crecer la rigidez en nuestra mente, las voces negativas empiezan a inundarla, se forma un torrente de pensamientos sesgados y automáticos y se genera una alta exigencia que nos lleva a funcionamientos internos extremos. Al intentar imponer continuamente al mundo lo que «debería ser», no nos permite asimilar las circunstancias ni integrar la información tal cual es. Solo proyectamos en el entorno un mapa preestablecido de creencias y expectativas. Nos mantiene en esquemas mentales disfuncionales que nos limitan porque no nos permiten integrar lo que ocurre para procesarlo del mejor modo, para resolverlo usando los recursos necesarios. Y esto nos crea sufrimiento, decepción y frustración, una rueda tóxica que no cesará de girar porque todo lo que no integremos y no resolvamos volverá una y otra vez hasta que no lo concluyamos. No por azar repetimos los mismos errores o creamos las mismas circunstancias, tenemos una parte de responsabilidad en ello. **Todo lo que sucede y no queremos ver, a pesar de que nos resistamos, volverá para ser resuelto.**

Su antídoto: la integración

Para conseguir un cambio profundo que perdure en el tiempo nos hace falta aprender a integrar y asimilar las nuevas experiencias. Para ello realizamos un continuo de ajustes adaptativos y funcionales que nos permitan seguir creciendo. Mostramos una flexibilidad que nos conduce a equilibrar nuestro sistema interno de pensamiento, emoción y valores para armonizarlo con el exterior, nuestro entorno, y adoptar una conducta que nos conduzca a la satisfacción de nuestra necesidad subyacente sin dañarnos y sin dañar. Entrenamos un sistema integrado de conciencia que dé paso a los hábitos que cambiarán nuestra vida.

A veces **tienes que realizar cambios en tu vida porque no te sientes satisfecho, pero te confundes al tratar de identificar el foco de tu insatisfacción.** Piensas que son las cosas que te rodean, las actividades que realizas o las personas de tu entorno, y puede que tengan que ver, ¡claro que sí!, pero lo que más relación tiene con la insatisfacción es cómo te relacionas tú con ella, cómo estás, qué estado de tu mente la sostiene. Manteniendo un funcionamiento tóxico, velado por las aflicciones y el ego, será más fácil caer en dinámicas insatisfactorias, mientras que con un funcionamiento equilibrado y saludable será más fácil buscar y construir relaciones satisfactorias, soluciones constructivas y beneficiosas. La integración sostenida por la aceptación y la transformación de cada instante en esa función armónica de contacto te conducirá a la mejor solución posible.

El miedo, tu peor monstruo

El miedo es una emoción funcional porque nos avisa de un peligro, para que estemos alerta y podamos afrontar la situación deseada con cuidado, pero si lo dejamos crecer demasiado, puede convertirse en un monstruo de voces cada vez más severas, terroríficas y catastróficas que obstaculizan nuestro crecimiento. De esta manera, tratando de paralizar el deseo de acercamiento a la situación temida, empezamos a dejar en nuestro inconsciente asuntos inconclusos, necesidades insatisfechas o aspiraciones no atendidas. Creamos un medio perfecto para que el miedo siga creciendo. La confianza abandona nuestra esencia y en el vacío que deja se forma una sombra que cada vez da más miedo escuchar y que, sin embargo, tan solo es una señal de que existe algo importante que atender, que resolver. Evitar el contacto con ello y no afrontarlo de un modo resolutivo aumenta la inquietud, inseguridad y angustia. Un estado en el cual vamos retroalimentando la evitación y dejamos de lado la búsqueda de una nueva armonía e integración. Dejamos congelado nuestro deseo, nos resistimos a un contacto sano en el que poder elaborarlo y creamos una nueva espiral de sufrimiento.

¿Cuántas veces ante una necesidad de cambio han surgido en ti el miedo a afrontarla y la angustia paralizante? Aun existiendo el deseo, si no somos capaces de conectar con nuestra confianza, **el vértigo de la incertidumbre generará más inseguridad y malestar que quedarnos sin realizar tal cambio, aunque estemos sufriendo.** Preferimos estar donde estamos, aunque no nos guste, que asumir un riesgo. Apartamos de nuestra conciencia el deseo y seguimos como si no existiera. Una fórmula errónea, porque no podemos hacer desaparecer lo que ya existe en nuestra mente. Solo atender el deseo para acompañarlo de la confianza que te sostenga en la incertidumbre te ayudará a escuchar realmente la necesidad de fondo, satisfacerla y hacer que el vacío se transforme en oportunidad. Es entonces cuando podremos seguir avanzando sin que el monstruo «se cuele en nuestros sueños».

Su antídoto: la confianza

Cuando practicamos meditación transformamos el miedo en confianza. Nos permitimos observar la mente y nuestro mundo interno con la calma que proporciona una mente en equilibrio, sosteniendo la incertidumbre desde una conciencia amable, desde la apertura y la entrega a la experiencia. **La serenidad y el amor dan luz a la oscuridad del miedo.** Nos permitimos, sin juicio ni crítica, entender los patrones que nos movilizaron, asomarnos a visitar a nuestros monstruos internos para conversar con ellos, para integrar su voz en un discurso amable que nos guíe hacia la mejor resolución, descubrir los autoengaños de la mente y frenar el automatismo mediante el que estamos respondiendo.

Se trata de construir un lugar seguro en tu mente donde puedas discernir con lucidez y sabiduría las acciones más saludables y tendentes al equilibrio, y cultivar las voces amables y compasivas que puedan acompañarte en el camino. Unas voces que te alienten hacia el crecimiento, sin castigos, sin resistencias o engaños que generen estados aflictivos.

Que hagan posible relacionarte de un modo distinto con los retos, circunstancias y cambios que se suceden en tu vida. Porque al final puedes acompañarte a crecer en un lugar seguro, confiado en la integración pacífica de tu mundo interno y externo. En un estado que tienda a la regulación y el equilibrio dinámico. A lograr un continuo ajuste relacional que te permitirá llenar la sombra del miedo con la luz de tu potencialidad.

LA QUEJA

La queja muchas veces proviene de un autoengaño en el que el ego maneja la hipótesis de que justo aquello que él necesita vendrá dado por el entorno. Este modo tóxico de funcionar no cesa porque dejamos nuestra satisfacción en manos del azar. Sin hacer ningún esfuerzo, sin elegir y sin tomar una dirección consciente, esperamos que el entorno confabule para que se den las circunstancias que deseamos, que las cosas sucedan tal y como nos gustaría que sucedieran. No nos hacemos responsables de pedir, buscar, conectar con nuestra necesidad y encauzarnos hacia ella. Y mientras tanto seguimos esperando en la queja a que algo cambie. ¿Cuántas veces, ante una situación que no nos gusta, invertimos más tiempo en quejarnos que en detenernos y discernir, aprovechando el silencio de nuestra mente, la mejor solución? Como si el mundo fuera a escuchar nuestros deseos para cumplirlos, esperamos pasivamente a que esto ocurra y engrandecemos el resentimiento. Es un funcionamiento tóxico al que no mostramos la puerta de salida.

Su antídoto: la aceptación y la responsabilidad

En la meditación entrenamos la aceptación sin juicio para poder resituarnos a cada instante y seguir transformando nuestra vida en la dirección deseada. Sin resistencia ni resignación, sin guerra de expectativas. Se trata de determinar lo que deseas y asumir la responsabilidad de encauzar tus recursos hacia ello. Lograr una mente resiliente y conectada con su potencialidad que te faculte para realizar los ajustes necesarios, una mente dispuesta a discernir lo saludable, el acercamiento proactivo y sabio que te permita seguir sembrando virtud en tu camino.

En el continuo proceso de aprendizaje mantenemos una actitud de principiante, curiosa, receptiva y abierta a experimentar los diferentes retos que el camino nos presenta. Nos autorizamos a adentrarnos en el camino del autoconocimiento y desarrollo interior sin quedarnos atrapados en la resignación.

EL CAOS, LA DISPERSIÓN Y LA CRÍTICA: LA SENSACIÓN DE SER UN CUBO DE BASURA

¿Te has sentido alguna vez como un cubo de basura en el que vertieron todas las quejas o críticas sobre el mundo? A veces nos rodeamos de compañías poco constructivas, personas negativas, tóxicas o con ideas catastróficas sobre el futuro. En ellas reina la queja, la crítica, el cotilleo y el desánimo. Cuando pasas mucho tiempo con ellas te das cuenta de que absorbes su negatividad y te sientes un mero instrumento para su desahogo incesante. Este es un entorno que no favorece el crecimiento y la nutrición de nuestro mundo interno. Pero esto no solo nos ocurre en la relación con determinadas personas, sino también cuando nos inundamos de noticias negativas, imágenes violentas o canales que fomenten el cotilleo y la crítica no constructiva, un mundo de sensacionalismo dispuesto a excitar la mente con olas de inquietud que solo tú eres responsable de frenar. En la medida de lo posible, es importante que cuides tu entorno y tus relaciones para rodearte de personas que realmente sean inspiradoras y alentadoras, que protejas cuidadosamente la mente de cualquier influencia tóxica.

Su antídoto: el silencio del equilibrio y la introspección

Para superar este obstáculo podemos apoyarnos en la práctica del silencio interior, una disciplina que favorece el contacto con nuestra esencia y la restauración del equilibrio. Dedicamos mucho tiempo a agitar nuestra mente y poco a procurarle reposo, calma, relajación. Mediante esta práctica fomentamos una mayor conciencia de nuestros hábitos relacionales, prestando atención a cómo hablamos, qué compartimos, cómo escuchamos y cómo cuidamos para que el intercambio en nuestras relaciones sea saludable. Fomentamos un funcionamiento seguro gracias al que nos sentiremos mutuamente atendidos, cuidados, vistos y sentidos. Cultivamos relaciones ecuánimes y sintónicas, de respeto y admiración.

Frente a la dispersión, el caos y la intoxicación informativa y de los estímulos, nos servirá dejar de lado el funcionamiento automático, compulsivo, la mente crítica y discursiva, y cultivar la introspección, el silencio y el equilibrio interior.

PRINCIPALES OBSTÁCULOS EN EL ENTRENAMIENTO MENTAL	
Obstáculo	Antídoto
La mente errante.	El equilibrio de una mente enfocada.
La rigidez mental.	La perspectiva, la flexibilidad y la integración.
El miedo.	El coraje de la confianza.
La queja.	La aceptación y la responsabilidad.
El caos, la dispersión y la crítica.	El silencio y la quietud del equilibrio y la introspección.

4

Los obstáculos en la práctica meditativa

Y desde el silencio de mi mente, confié.

Existen muchos obstáculos que entorpecen la práctica de la meditación, y por eso es primordial que te lo pongas fácil. Hemos visto las recomendaciones principales para meditar y dar los primeros pasos hacia tu transformación, pero también es importante conocer las dificultades que conlleva esta práctica. Los obstáculos son comunes y habituales, todos nos topamos con alguno, puesto que son estrategias que usa el ego cuando te sientes incómodo. Y si lo reconduces, se rebela. Él quiere divagar por el flujo de la conciencia a través de los miles de pensamientos que surgen, abstraído en una asociación libre o buscando aquellos que lo exciten, y se resiste a sostenerse solo en uno y ¡de poco poder estimulante! Eso, al principio, no le gusta. Y de ahí que disponga obstáculos y dificultades. Estos aparecen en la propia práctica, a los pocos minutos de sentarnos a meditar, o cuando ya creemos que lo estamos logrando. En la medida en que los conozcas, podrás aplicarles el antídoto esencial que cada uno de ellos requiera. Confía.

AGITACIÓN Y PREOCUPACIÓN

«Y cuando me senté a meditar ¡no podía parar de pensar!». En este estado, tu mente, muy excitada, va muy rápido de un pensamiento a otro. Divagando, conversando internamente o imaginando escenas. Cuando se declara este estado, la mente se distrae, se agita y se dispersa, y cada vez le resulta más difícil mantener la atención continuada en un solo objeto.

Por ejemplo, quieres estar centrado en el flujo del ciclo de tu respiración y, de inmediato y sin apenas darte cuenta, tu mente se dispara y genera un continuo de pensamientos. De repente te encuentras pensando en las tareas pendientes, en lo que harás al finalizar la meditación, en lo que deberías estar haciendo y no haces. Pensamientos que captan toda tu atención y te transportan a situaciones que no te habías planteado afrontar. Estás en todo, menos en lo que te habías propuesto estar: atender a la respiración.

Su antídoto: respiración abdominal

Cuando tu mente esté muy agitada te ayudará concentrarte en llevar la respiración al abdomen. Esta fórmula te facilitará, a la vez, la relajación de la mente.

SOMNOLENCIA Y LETARGO

«Esto no es para mí, ¡me duermo!». Quizá estás cansado y sientes cierta somnolencia, incluso sueño. Tu mente aparece con la atención embotada, en un estado de sopor. Estas sensaciones se convierten en un obstáculo para el entrenamiento porque la mente pierde su claridad y tú te quedas aturdido y aletargado, como en un estado opaco lejos de lo que pretendes conseguir.

Por ejemplo, tras un día de estrés, cuando tu cuerpo finalmente se detiene y empieza a relajarse, tu mente comienza también a frenar la actividad. De inmediato interpreta este momento como el idóneo para descansar y dormir.

Su antídoto: respiración nasal

Cuando sientas sopor te vendrá bien hacer las respiraciones nasales. Respirar profundamente por la nariz aporta mayor claridad a tu mente. Presta atención al aire entrando y saliendo por las fosas nasales.

Tanto el letargo como la agitación son desequilibrios que nos provocan una falta de atención, que hacen que nuestra atención se hunda sobre sí misma o que se concentre en estímulos del exterior. Si aparecen, te hará falta un antídoto. **Por ello necesitas desarrollar una adecuada introspección, vigilancia y metacognición que te permita examinar la calidad de tu atención.**

DUDA Y PEREZA

«Menuda pérdida de tiempo, con la de cosas que tengo que hacer. Será mejor que empiece mañana».

Tal vez no estás convencido de tu práctica, y, al no darle un sentido interno, la duda puede hacer deambular tu atención. Tu discurso interno lleno de autoengaños puede empezar a enviarte mensajes para invalidar tu esfuerzo y tu práctica, boicoteándola con apatía o pereza. La mente inquieta, que no sabe sostener el vacío, se resistirá a mantener la atención en un solo punto y, para justificarse, te llevará a argumentaciones que te harán dudar. Paradójicamente, la apatía suele emerger cuando vivimos en desequilibrio y necesitamos aprender a regularlo.

Por ejemplo, a los pocos minutos de sentarte a meditar aparece el discurso interno que dice: «Pues no sé qué hago aquí perdiendo el tiempo», «Si, total, yo estoy igual, no noto nada», «Uf, qué pocas ganas ahora, ya buscaré otro rato».

Su antídoto: intención, inspiración y un programa diario

Recuerda sostener tu motivación en la intención genuina que te acercó a la práctica de la meditación. Reflexiona y contémplala. También puede ayudarte traer a tu mente la imagen o la persona que te inspira, establecer un programa diario de meditación, ejercicio vigoroso y estudio. La actividad física y la disciplina en el programa favorecerán, y más en este caso, el equilibrio necesario para la práctica de la meditación.

DESEO Y AVERSIÓN DE LOS OBJETOS SENSORIALES

«Un momento de relajación, ¡menos mal!». Durante la meditación puede surgir el deseo de tener experiencias agradables, reconfortantes o de mucha tranquilidad, pues la mente se inclina por los estímulos excitantes y anestesiantes. Y también es común que cuando aparezcan determinadas sensaciones desagradables, como dolor, tensiones corporales o emociones dormidas en el cuerpo y que emergen con una aguda sensación de presión, las rechacemos y respondamos de inmediato con aversión.

Por ejemplo, te sientas a meditar y en cuanto cierras los ojos vienen a tu mente deseos de producir una experiencia satisfactoria y balsámica, o alcanzar un estado de profunda relajación que reparará las tensiones del día. Entonces, tu mente se aferra a ellos anhelando hacerlos realidad o generar más.

La práctica no traerá satisfacción ni evitará que aparezcan las tensiones. La práctica es la que facilitará que aprendas a vivir con lo que hay, con lo que surge, de forma equilibrada. Aceptar para realizar el mejor ajuste, para vivir buscando la salud y no a través de la evitación o la anestesia.

Su antídoto: meditar sin expectativas, soltar y abrirse amablemente a la experiencia

Es importante que nos acerquemos a la meditación sin expectativas. Si la última vez la práctica fue un bálsamo de relajación, no pretendas que en la siguiente ocasión sea igual. No persigas ningún resultado. Quizá esta vez tu mente esté más agitada o tu cuerpo esté expresando un malestar o tristeza con alguna sensación desagradable. La meditación es el momento de entrenar la mente desarrollando habilidades como la relajación, la estabilidad de la atención o la compasión, y, por tanto, no siempre será una experiencia reconfortante.

Y para cuando surja el rechazo o aversión a una determinada sensación, ofrécete ternura y amabilidad y ábrete a la experiencia.

LOS «DEMONIOS INTERNOS» O MALA VOLUNTAD

«Menudo día horrible. Ahora cerraré los ojos y meditaré perfectamente. Dejaré de pensar». Cuando albergamos en nuestra mente estados aflictivos tendemos a fusionarnos con ellos y hacerlos más grandes, estimulando irritaciones menores que pueden madurar haciéndose más intensas. Estos estados nos conducen a discursos internos llenos de negatividad, de miedos, de experiencias pasadas no elaboradas, de catástrofes que jamás vendrán pero a las que otorgamos un gran espacio en nuestra mente. Autocríticas, exigencias y autosabotajes que solo reflejan debilidades de la conducta que han de ser restauradas, relativizadas. El ego raramente admite sus faltas o distorsiones. Tiene una tendencia natural a darse la razón y busca justificar como sea todas sus acciones, ocultar sus errores, negar los defectos, y así mantener su posición, sus ideas o malos hábitos.

Por ejemplo, los monstruos o «demonios internos» que más suelen aparecer en el momento de quietud son los pensamientos «criticones», los que «quieren devorar el tiempo», los que «lo saben todo», los que «lo quieren hacer perfecto», los que «se iluminaron hoy en la práctica», «los que dejan la mente en blanco». Pensamientos intrusivos, automáticos y de sesgo negativo que sabotean tu experiencia meditativa, alejándote cada vez más de ella. Y los autosabotajes más comunes acostumbran a ser: «Yo no necesito meditar», «No tengo tiempo para hacerlo», «Yo ya vivo en el presente».

Su antídoto: la percatación y toma de perspectiva;
la no fusión cognitiva; la compasión y la amabilidad

Conviene que aprendas a detectar cuándo aparecen los pensamientos, como si fueras un observador externo —un testigo de tu experiencia—, para no fusionarte con ellos y dejarlos pasar. Que los cuestiones, los relativices y los mires con perspectiva: «Yo no soy mis pensamientos», «Nada de esto está ocurriendo aquí y ahora», «Ahora no hay nada que hacer con esto, déjalo pasar». Y a continuación vuelvas a poner la atención en la respiración consciente. Esto te hará más fácil no identificarte con estos pensamientos y no fijarte en ellos. Descubrirás, con el paso del tiempo, cómo la meditación te ayuda a salir de esta identificación, ampliando tu perspectiva y llenándola de bienestar.

Hacerte amigo de tus monstruos internos quizá sea algo que jamás te hubieras planteado, pero cambiará por completo cada una de las experiencias contigo mismo. La meditación es experiencia, no es el momento de escuchar tus pensamientos y dejarte llevar por ellos. Si tienes que pensar algo, hazlo luego. Si tienes algo pendiente de solucionar, ponte a ello.

LA IMPACIENCIA Y LA FRUSTRACIÓN

«Menudo aburrimiento, voy a probar con otra cosa». La mente desea variedad y se rebela ante la monotonía. Empezará a demandar resultados rápidos para cambiar de dinámica y se inventará muchas excusas y pretextos para no practicar. Pero el entrenamiento, como cualquier preparación, requiere esfuerzo y persistencia.

Un ejemplo de ello es cuando llevas un tiempo practicando meditación y empiezas a desear un cambio. Piensas que la meditación es muy aburrida, que necesitas experimentar con otra cosa, ver distintas opciones. O también cuando la impaciencia te empuja a exigir de la práctica resultados concretos o más inmediatos.

Su antídoto: cultivar la relajación y el entusiasmo; no centrarse en los resultados

Cuando te asalte la impaciencia o la frustración ofrécele a tu mente la calma de la respiración profunda y de la relajación. No ceses en tu práctica y haz los ajustes necesarios para conservar el entusiasmo. El desánimo es un desequilibrio que puede llegar, no dejes que se establezca lo suficiente para hacerte abandonar la práctica. Rodéate de gente con experiencias similares a la tuya, que practiquen meditación y puedan servirte de inspiración. Como en cualquier otro hábito, la constancia y la regularidad es lo que genera la transformación radical.

PRINCIPALES OBSTÁCULOS EN LA PRÁCTICA MEDITATIVA	
Obstáculo	Antídoto
Agitación y preocupación.	Respiración abdominal.
Somnolencia y letargo.	Respiración nasal.
Duda y pereza.	Intención, inspiración y un programa diario.
Deseo y aversión.	Meditar sin expectativas, soltar y abrirse amablemente a la experiencia.
Los «demonios internos» o mala voluntad.	La percatación y toma de perspectiva; la no fusión cognitiva; la compasión y la amabilidad.
La impaciencia y la frustración.	Cultivar la relajación y el entusiasmo; no centrarse en los resultados.

Conocer estos obstáculos te servirá para cambiar cualquier patrón disfuncional que esté aumentando tu desequilibrio. **La mente prefiere aferrarse a lo conocido y fácil, incluso si le hace daño o le causa dolor, antes que notar un descenso en la estimulación. Pero solo a través de la experiencia la mente, en su firmeza estable, puede asentarse en el lugar adecuado para sanar y transformarse.**

Recuerda que no hay nada que buscar, que simplemente

hay que ser en el momento presente. Alimenta una aspiración genuina y bondadosa. Cultiva tu confianza. Entrena tu capacidad. Desarrolla tu habilidad, despliégala, despliégate. Cuando tu mente esté atenta, curiosa, receptiva y abierta a observar sin juicio y con amabilidad podrá ver, a cada instante, los beneficios. No hay una forma de hacerlo mal ni una forma de hacerlo bien. El éxito en la meditación depende de una práctica constante e intensa, del conocimiento de las funciones de la mente, de la conciencia de los obstáculos y de la disposición a trabajarlos para superarlos.

SEGUNDA PARTE

Beneficios de la meditación

5

Cómo nos ayuda en la salud
y el desarrollo de nuestra mente

> Ojalá podamos vivir en la dicha de la paz. Esa
> que solo un corazón bondadoso y una mente se-
> rena saben albergar. Esa que solo el frágil equili-
> brio sabe gestar. En la delicadeza de cada instan-
> te. En cada caminar.

«Mi vida era una excitante y peligrosa montaña rusa. A veces estaba muy arriba, pero otras veces caía a gran velocidad. No podía vivir tranquila, parecía que todo transcurría deprisa y fuera de mi control. Estas sensaciones me angustiaban, me atrapaban en la infelicidad. Pedía cambiar mi vida y lo hacía sin asumir la responsabilidad. Vivía llena de excusas y pretextos para no hacerlo y me frustraba que el mundo no me ofreciera la oportunidad de serenarme. Cuando en el entrenamiento aprendí a regular mis estados emocionales, a detectar mis aflicciones y a no aferrarme a lo que me dañaba realmente descubrí un gran regalo. Me alivió tomar conciencia de que disponía de recursos internos para conseguir el anhelado equilibrio.

»Por supuesto, ha disminuido mi ansiedad y sé gestionar el estrés de otra manera, pero lo más importante para mí ha sido descubrir cómo montarme mi vida para estar agradecida, sonriente y satisfecha con ella. No quiero fallarme. Ahora sé que no deseo aliviar mis síntomas de taquicardia o irritabilidad constante, mi tristeza y pesimismo, porque ahora sé que quiero una transformación más profunda y duradera y que puedo lograrla: quiero vivir feliz, quiero mantener los hábitos que están sembrando el bienestar en mi vida. Y esto no es pasarme el día riendo, que era lo que pensaba cada vez que me imaginaba una vida feliz. Es sentir una paz interna que me conduce a la satisfacción de unos días en plenitud. Ahora sé que no necesito tanta estimulación, ni tener tantas cosas ni que mi realidad sea opuesta a la que tengo. Con lo que hay, con lo que me toca vivir, aprendo a sacar mi mejor versión. **Me doy cuenta de cómo yo misma boicoteaba mi bienestar, ha sido impactante y transformador. Me alivió sentir el poder del cambio tan cerca».**

Para Emma, tras medicarse durante años para mitigar la ansiedad, fue realmente liberador entender que ella también tenía algo más que sumar a su estilo de vida. Comprendió que disponía de las herramientas que le hacían falta para atenuar sus síntomas y paliar su sufrimiento. Para entender sus patrones de pensamiento, cuestionar y relativizar las distorsiones cognitivas, aprender a soltar, a aceptar. Para detectar sus demonios y monstruos internos, conocer sus voces tóxicas y reconciliarse con todas sus partes. Para revisar sus ajustes disfuncionales, indagar en sus necesidades emocionales no cubiertas. Y todo ello desde una habitación segura de su mente, un lugar sereno donde era capaz de recuperar el equilibrio en un continuo ajuste de regulación e integración hacia la salud.

TRANSFORMAR TU MENTE

La meditación puede ayudarte a transformar tu vida estableciendo una profunda conexión contigo mismo, con tu entorno y tus relaciones, una satisfacción vital que llene de sentido tu camino. **Favorece el desarrollo de una presencia plena, empática y compasiva, disminuyendo las voces tóxicas y el egocentrismo, generando una mayor serenidad, amabilidad y armonía interna.** Fomenta la afectividad positiva, y una mirada constructiva y ecuánime en la que se valora el cuidado de las relaciones, aumentando con ello la conexión social y el sentido de humanidad compartida, y reportando una mayor felicidad, paz y armonía interna. Es un proceso de autoconocimiento que nos ayuda a ser más flexibles y resilientes, habilidades que nos permiten ajustarnos a las circunstancias de la forma más saludable para nosotros y los demás, y salir fortalecidos de las dificultades.

Cada vez son más las investigaciones que prueban estos beneficios y nos animan a sistematizar el método para incorporarlo en el tratamiento de diferentes trastornos psicológicos y emocionales. Hoy en día, la meditación se ha establecido como tratamiento en diferentes terapias, sobre todo dentro de las de tercera generación. Así, sus efectos positivos pueden verse en el tratamiento de la depresión, del estrés y la ansiedad, de los trastornos del sueño, de los trastornos obsesivo-compulsivos. Además, la meditación favorece la mejora de los resultados, el rendimiento y la concentración en el ámbito académico, profesional y deportivo. En los ambientes donde la exigencia provoca un alto nivel de estrés sostenido, la meditación ayuda a no ser devorado por el desequilibrio que el distrés ocasiona, y a afrontarlo de un modo eficaz que aumente la concentración y la atención, con una perspectiva reflexiva e inteligente.

Por otro lado, también tiene beneficios físicos. Está demostrado que la meditación ayuda a aliviar el dolor, a reducir el riesgo de sufrir enfermedades cardiacas y a estabilizar la presión arterial. Refuerza las defensas y el sistema inmunitario, mejora el sistema digestivo y rejuvenece gracias al efecto que tiene en los telómeros de los genes.

Si la práctica de la meditación es continuada, estos beneficios pueden incluso cambiar la estructura del cerebro. Gracias a ella, es posible modificar la conectividad entre diferentes áreas y actualizar los distintos surcos de conexiones neuronales que modelarán nuevas rutas cerebrales. De esta manera, aquellas respuestas que están condicionadas por las experiencias pasadas pueden ser ajustadas y redirigidas hacia nuevos patrones de funcionamiento más adecuados para las circunstancias presentes. Podemos reemplazar los hábitos condicionados por otros más saludables y beneficiosos rompiendo la ruta neuronal que utilizamos por defecto a favor de la adquisición de patrones cada vez más reflexivos, sabios y teñidos de un estado emocional equilibrado que nos permitan seguir desarrollándonos. Y este cambio estructural en el cerebro es posible gracias a la neuroplasticidad que lo caracteriza. Nuestro cerebro es un órgano que se mantiene en constante desarrollo y se ve muy influenciado por nuestras experiencias de vida. Cada circunstancia, sobre todo las emocionalmente intensas, queda registrada en una ruta asociativa en la que se encadena la emoción que detonó la situación, los pensamientos asociados a ella y la reacción que tuvimos.

Muchas de estas rutas al repetirse en el tiempo quedan establecidas como patrones predeterminados que saltarán en un funcionamiento automático cada vez que nos encontremos con una circunstancia similar. Sin embargo, gracias a que nuestro cerebro es moldeable, podemos romper esta cadena condicionada que provoca la repetición y seguir aprendiendo muchas más formas de funcionar ante las circunstancias, ampliar nuestro potencial y, sobre todo, hacerlo de manera más saludable. Esta es una muy buena noticia porque, a pesar de que en cada circunstancia intentamos resolverla de la mejor forma que sabemos, no siempre estos mecanismos han sido funcionales a largo plazo.

Por ejemplo, cuando enfrentarte a una determinada situación te da miedo o te causa vértigo, seguramente habrás creado miles de excusas y pretextos para justificar tu postura de evitación. Con esta respuesta sientes el alivio inmediato de la ansiedad que la situación te produce porque ya no has de exponerte a ella. Huyes y te encuentras mejor. Sin embargo, sabemos que a largo plazo la evitación como respuesta de escape no es adaptativa. Quizá en el primer momento sí lo fue, pero es necesario cambiarla por una respuesta más segura, conectada con tus recursos de afrontamiento y no tanto con tus bloqueos. A veces sostenemos respuestas que requieren de aprendizaje y un nuevo moldeamiento para que en el futuro no interrumpan nuestro desarrollo y adaptación.

Que nuestro cerebro sea neuroplástico y podamos modelar nuevas rutas neuronales para crear nuevos condicionamientos adaptativos es una maravillosa potencialidad que la meditación nos permite desarrollar. Con la meditación podemos restablecer el equilibrio interno para aprender a afrontar las situaciones sin angustia, con nuevas respuestas ajustadas con serenidad. Entrenar la conciencia reflexiva nos ayuda a **cambiar los patrones disfuncionales**.

ENTENDER LOS DEMONIOS INTERNOS

Emma traspasó la puerta del miedo para adentrarse en él, conocerlo y ofrecerle su voluntad de cambio. Necesitaba confiar en ella para detener los mensajes tóxicos que llegaban desde las profundidades del abismo en el que se encontraba. Sus monstruos internos crecían cada vez más, y ella no se sentía capaz de poner orden en su mente. Hasta que decidió firmemente tomar un camino sin retorno: sanarse. En ese momento optó por empezar a meditar, y lo hizo con serenidad. Sin exigencias, con una actitud curiosa.

Empezamos entrenando para observar su continuo mental y conocer, sin juicio ni reacción impulsiva, los patrones que la estaban llevando a una vida insatisfactoria. Sus pensamientos y el mapa de creencias que seguía le causaban cada vez más sufrimiento. Necesitaba tomar una nueva perspectiva que le permitiera no fusionarse con esos pensamientos, ni otorgar tanta credibilidad a sus voces y miedos. Tenía que aprender a relativizarlos, cuestionarlos, ver su disfuncionalidad y rigidez para discernir aquellos que la sabían guiar con sabiduría y dejar ir a los que simplemente parloteaban con el fin de distraerla, embaucarla o llevarla a pasajes sombríos.

Cuando apaciguamos nuestras voces tóxicas, evitamos la reactividad porque aprendemos a regular nuestras aflicciones y nos enfrentamos a las situaciones de manera que no detonen en nosotros una cadena explosiva de respuestas. Cultivamos mentalmente estados virtuosos que nos generen una regulación confiable que haga de nuestra mente un lugar seguro. Nos enfrentamos con nuestros demonios internos para apaciguarlos y sanarnos.

CALMAR LA MENTE, APACIGUAR LA FURIA

Por lo general, cuando vivimos momentos de frustración, dificultad y conflicto, se desencadena en nosotros un desequilibrio emocional que favorece respuestas automáticas tales como hostilidad o irritación. Cuando esto ocurre corremos el riesgo de realizar un ajuste disfuncional que, lejos de resolver el conflicto, puede llegar a empeorarlo. Nuestra mente entra en un túnel del que no ve la salida, y explotamos. Con la explosión muchas veces nos dañamos y perjudicamos nuestras relaciones. Actuamos sin filtro ni perspectiva, sin sabiduría.

Es fundamental aprender a regular las emociones. Ellas no son las responsables de nuestros estallidos, y mucho menos lo es la persona contra la que reaccionamos, a la que a menudo acusamos de provocarlas. Somos nosotros mismos los que, en un estado de desequilibrio emocional, hacemos una lectura inadecuada de la situación o tomamos la vía de una reacción conductual llevada por un impulso sin filtro. ¿Cuántas veces te has encontrado respondiendo con hostilidad cuando te habría bastado con decir un «no» asertivo?

Restablecer el equilibrio interno mediante la regulación emocional es la respuesta que nos permite manejar con acierto la situación conflictiva. Poner límites ajustados a nuestra necesidad, sin dejar de respetarnos y sin dejar de tomar en cuenta el cuidado de nuestra respuesta hacia el otro. El entrenamiento mental nos ayuda a disminuir esta tendencia reactiva y a dejar de participar en el juego tóxico de la ira para hacernos responsables de nuestras emociones, pensamientos y conductas. Esto sucede gracias al **entrenamiento en la función interoceptiva y la atención ejecutiva**.

A través de la función interoceptiva **podemos cortar la propagación incendiaria que se inicia con la chispa detonadora**. Nos damos el espacio suficiente para poder elegir, más que reaccionar, desde el impulso que en este caso era gobernado por la ira. De esta manera somos capaces de detectar cuándo estamos a punto de estallar, por ejemplo, percatándonos de la tensión mandibular o en los puños, y detener la reacción en cadena que causa toda emoción que nos desborda.

Y a través de la atención ejecutiva **aumentamos nuestra capacidad reflexiva y analítica y nuestra capacidad de responder de una manera integrada**. Esta atención es la encargada de regular las respuestas mentales y corporales, especialmente en momentos de conflicto, y nos permite ser más reflexivos, sin dejarnos llevar por respuestas impulsivas.

VIVIR EN EQUILIBRIO

El cortisol es la hormona encargada de activar la amígdala en el sistema límbico, el sistema emocional, para elaborar las respuestas de estrés ante estos episodios. Cada vez hay más investigaciones que avalan la meditación como método para disminuir los niveles de cortisol, lo cual genera a la vez una mayor integración de las experiencias en el cerebro, posibilitando la conexión con el área prefrontal encargada de una mejor planificación y análisis.

Cuando entrenamos la mente mediante la meditación favorecemos la regulación emocional y el equilibrio. Todo un reto en el que el cerebro y el sistema nervioso están íntimamente implicados. Mediante la práctica continuada podemos fortalecer la influencia que tiene el córtex prefrontal sobre la amígdala, estimulando el desarrollo de una serie de capacidades cognitivas que nos permiten mantener la información de lo sucedido, analizarla y responder en función del mejor ajuste posible en el momento presente. Es como tonificar el área prefrontal del cerebro, que es la que se ocupa de reflexionar, planificar y realizar acciones, para que active nuestro sistema de calma, o sistema nervioso parasimpático, y refuerce el funcionamiento del nervio vago. Así, se aleja la amenaza del estrés y mejoran la regulación y el estado de equilibrio. De esta manera, gracias al desarrollo del área prefrontal, nuestra conducta se vuelve más adaptativa al entorno, más reflexiva y menos impulsiva y reactiva.

Todos los estados desregulados y aflictivos dejan un residuo, una huella en nuestra mente, pero también en nuestro cuerpo. Una de las estrategias de la meditación que más nos alivia esta tensión, originada por las diferentes aflicciones, es la respiración profunda, completa y consciente. Entrenarla favorece el cambio de nuestro patrón respiratorio, su ritmo, cadencia y profundidad, para aminorar el trastorno que los estados aflictivos dejan como residuo en el cuerpo y en la mente. Estas intensas «turbulencias» emocionales influyen negativamente en el cerebro, en el sistema inmunitario e incluso en las hormonas y el sistema nervioso central, generando un estado disfuncional de hiperexcitación, ansiedad y estrés, o de cansancio extremo, abatimiento y bloqueo. Si somos conscientes de esto y entrenamos, podemos aliviarlas, regular nuestros estados emocionales y mantenernos disponibles para elaborarlos o ajustarlos del modo adecuado. Gracias a la función interoceptiva podemos escuchar el mensaje del cuerpo y ofrecerle una respuesta sana.

Cuando tenemos un problema, generalmente toda nuestra energía se dirige hacia los pensamientos y las acciones, y pocas veces prestamos atención a las tensiones emocionales provocadas por la situación, que pueden quedar reflejadas en forma de síntoma en nuestro cuerpo. Estas tensiones emocionales se intensifican para que tomes conciencia de ellas y las alivies, pero cuando nos empeñamos en mirar hacia otro lado, atribuir la culpa a otra cosa o tratar de solucionarlo solo con rumiaciones, nuestro cuerpo seguirá «enfermando» para reclamar un remedio. Inevitablemente, el cuerpo, como sistema interrelacionado con la mente, refleja cada uno de nuestros estados, tanto en positivo como en negativo, bien en forma de alivio y ligereza, bien como tensión y dolor. Por lo tanto también es necesario prestar suficiente atención a nuestras sensaciones físicas, enmarcarlas y darles el espacio y el tiempo que requieren para transitar saludablemente el estado emocional activado, sin bloqueos mentales, ni prisas ni «deberías».

ATENDER EL CUERPO Y ESCUCHAR SUS SECRETOS

Uno de los mecanismos de defensa que utilizamos frente a los conflictos es la **retroflexión**, callarnos por miedo a enfrentarlos. Este mecanismo es funcional y biopositivo cuando nos permite poner límites a lo que expresamos y a cómo lo expresamos. Sin embargo, a veces, el miedo a enfrentarse al conflicto nos hace imaginar escenas catastróficas. Pensamos muchas cosas que nunca ocurrirán, y confundirlas con hechos verídicos puede llevarnos a rumiar preocupaciones que generen ansiedad, miedos o más ira y frustración provocada simplemente por pensamientos.

Los enfados no expresados, los gritos callados y las situaciones inconclusas se van haciendo cada vez más presentes en nuestro cuerpo. **Si callamos algo sin elaborarlo, nuestro cuerpo lo «tragará» sin digerirlo y provocará una «indigestión» emocional.** Si seguimos acumulando cosas calladas, esta indigestión se trasladará en forma de tensión a determinadas zonas del cuerpo, como puede ser la espalda, la cabeza, la piel, las articulaciones o los órganos internos, tales como el estómago, el intestino o el hígado. El cuerpo calla y guarda nuestros secretos emocionales, que se reflejan en síntomas de menor o mayor gravedad. La retroflexión bionegativa es un ejemplo de cómo funciona este mecanismo. Esta retroflexión es un ajuste disfuncional ante una situación que nos genera agresividad y en la que, en vez de expresar esta tensión de forma asertiva, nos la guardamos, la callamos pero sin digerirla, sin entenderla ni masticarla. De esta manera dirigimos la tensión hacia nosotros mismos. Somos víctimas de nuestra propia agresión. Emma apretaba la mandíbula en el trabajo, sostenía las responsabilidades y el agobio que estas le producían en los hombros, se mordía las uñas o se pellizcaba los dedos cuando le ponían un nuevo plazo de entrega en el trabajo, fruncía tanto el entrecejo que les allanaba el camino a las migrañas. Y así pasaba un mes y otro mes, año tras año, hasta que su cuerpo agudizó tanto el dolor de espalda que tuvo que aprender a soltar las cargas. El ejercicio físico la ayudaba a destensarse y fortalecer los músculos, pero, sin una debida elaboración mental que acompañara este «soltar», volvía a tensarse a los pocos minutos de haberse relajado.

Si tu estado mental entra en un continuo de pensamiento y emoción negativo, tu cuerpo de inmediato reflejará esta respuesta. Es como cuidar bien el envase que contiene el agua y fortalecerlo, pero si no conseguimos vaciarlo y hacer que no se llene de basura, finalmente rebosará a pesar de nuestros esfuerzos por mantener un envase impoluto. Por tanto, nuestro equilibrio no solo está relacionado con una regulación y disminución del estrés que nos ayude a adecuar nuestras respuestas, sino que también está íntimamente ligado a las emociones y estados que sostenemos en nuestra mente.

La meditación es muy efectiva en este campo porque favorece la regulación emocional utilizando las dos vías de entrada de los conflictos o tensiones: la mente y el cuerpo. Así, nos permite cultivar estados de calma mental y trabajar en la relajación corporal. Cuando practicamos mindfulness, la atención centrada en un objeto de meditación favorece la calma mental, dejando pasar los pensamientos que se suceden en nuestra experiencia. A la vez, cuando practicamos la observación de las diferentes sensaciones de nuestro cuerpo y percibimos las tensiones corporales, las atendemos mediante el fluir de la respiración calmada para facilitar su tránsito, acomodación o resolución. De esta manera creamos una relajación corporal que acompañe el estado de calma mental sostenido en el tiempo. **Aprendemos a observar los eventos mentales y las sensaciones corporales sin reactividad para poder ocuparnos de nuestro presente de una forma equilibrada, regulada y reflexiva.**

DETENER LA FLECHA DEL SUFRIMIENTO

Hay veces en las que no conseguimos regularnos. No ponemos la suficiente atención en nuestros estados para restablecer el equilibrio y las aflicciones cogen tal fuerza y velocidad que se convierten en una energía sin control, como una flecha buscando la diana.

Cuando Emma llegaba a casa tras una jornada cargada de tensión y encontraba las mochilas de sus hijos en el suelo o cualquier cosa fuera de lugar entraba en un estado de furia demoledor, y su familia se asustaba solo de verla traspasar la puerta. La ira que Emma descargaba en sus hijos y su marido era tan desproporcionada porque en realidad disparaba contra ellos algo que traía de su despacho. La tensión, la frustración, el estrés y la rabia no expresada acumuladas durante el día eran una flecha surcando el aire.

Siempre habrá algo fuera de lugar, algo que no veamos con agrado, algo que nos moleste. Siempre. Lo importante es responsabilizarnos de lo que hacemos con ello para abordarlo con la mejor acción consecuente. Aplicando la razón y una conducta proactiva. Buscando soluciones, no con una respuesta reactiva y desproporcionada ante la aflicción detonada. Este tipo de respuesta suele crear tanto caos y malestar que provoca una cortina de humo que oculta el asunto que la originó, de modo que queda pendiente de resolver y perpetúa el estado disfuncional, acumulando consecuentemente en la mente, el cuerpo y el campo relacional más tensión y aflicción.

A este mecanismo de defensa del ego lo llamamos **deflexión**. Consiste en no expresar la energía agresiva generada por un estímulo en el lugar adecuado —el estímulo que la provocó, como, por ejemplo, una discusión en el trabajo—, y desviarla en cambio hacia otro objeto relacional con el que no tiene nada que ver —por ejemplo, tu hijo, que dejó en el salón un sutil desorden que en ese momento tú percibes como un gran ataque—. En este caso, la aflicción del miedo a enfrentarse al conflicto —en la situación laboral— nos lleva a desviar la energía agresiva y a expresarla en un lugar seguro, con gente de confianza ante la que sabemos inconscientemente que estallar de esa manera no será tan catastrófico. Sin embargo, si el disparo es agresivo será de todos modos un dardo envenenado para ti y los demás.

Dejar de tomar veneno

Seguir dominados por una aflicción como el miedo o la ira es un veneno que queda velado en nuestro cuerpo y nuestra mente, en un circuito que se retroalimenta. Si en lugar de regular y aliviar la aflicción la dejamos en nuestra mente, callada en el cuerpo, evitando el contacto con ella, o la desviamos disparando hacia cualquier otro lugar que nos sirve de diana, no solventaremos la necesidad que oculta, y la aflicción seguirá expandiéndose como un veneno por todo nuestro organismo. Cada día, el ego hallará motivos para alimentarla, cada día encontrará argumentaciones que la justifiquen, dejando que el veneno continúe propagándose por la mente. Nos alejamos de la perspectiva ecuánime y la parcialidad vela por el mantenimiento del estado aflictivo. Así las frustraciones, la ira, los enfados, los miedos y la ansiedad siguen encontrando un camino que los mantiene vivos. Cortar este circuito es importante para sanar. Es preciso detener la aflicción, no alimentarla más, atender la necesidad que emerge tras desvelarla y acompañarnos en la resolución con imparcialidad, lucidez y compasión.

Con la meditación cambiamos el veneno de nuestra mente por virtud. Entrenamos la mente para cultivar calma y lucidez, un estado mental que nos permite discernir lo tóxico de lo saludable para podar aquellas ramificaciones o rutas neuronales que bloquean nuestro crecimiento y crear nuevos circuitos adaptativos. Entrenamos la conciencia de los estados virtuosos como antídotos del veneno de la aflicción y el egocentrismo. Porque no solo se trata de disminuir el estrés y el cortisol para regular el estado de amenaza, sino también de generar la oxitocina suficiente que nos equilibre. Y así como podemos reproducir en la mente situaciones continuas que nos provocan estrés, ira, temor y preocupación, también podemos entrenarla y familiarizarla con aquellos estados que nos despiertan amor, compasión, generosidad y altruismo.

Estados que, además, nos ayudan a crecer desde nuestra potencialidad humana, trascendiendo el ego y liberándonos de los condicionamientos que nos hacen daño. Al fin y al cabo, el egocentrismo es el que maneja nuestras confusiones y nuestras defensas, el que intensifica nuestros patrones disfuncionales y aflictivos, a partir de los cuales fabricamos el veneno que acabaremos tomando. «Yo soy el que lo hago bien, y el resto del mundo es el que lo hace mal», «Yo soy quien se ha ganado el puesto, no el resto del equipo», «Yo soy el que merece que lo entiendan y lo traten bien, mientras que él, por hablarme así, no lo merece». Los autoengaños como estos boicotean la resolución y el crecimiento, no nos llevan a mejorar, sino que nos encierran en una cápsula envenenada por la ira, el egoísmo, el miedo.

Por eso en la meditación también cultivamos en nuestra mente estados de amabilidad, afecto, aceptación y compasión para atender, cada circunstancia, desde estados mentales positivos que nos acerquen a una relación más humana y ecuánime con los demás y con nosotros mismos. Hecho que nivela y equilibra nuestro estado interno, disminuyendo los afectos negativos y aumentando los positivos. Porque no solo se trata de aprender a calmar, regular y resolver, sino de nivelar nuestros pensamientos para que cada vez haya menos veneno en nuestro organismo y un mayor estado de paz, serenidad y equilibrio.

A este respecto, las investigaciones demuestran que el cultivo de los afectos positivos aumenta los niveles de oxitocina, la hormona de la conexión y del amor, y de dopamina, la hormona de la recompensa y la gratificación. A su vez, tonifica el nervio vago y regula la reactividad emocional.

Como resultado, nos sentimos más calmados, felices y conectados. Nos reporta un gran bienestar tanto físico como mental, más resiliencia y un mayor sentido vital, reforzando nuestra sensación de conexión y disminuyendo la de soledad y aislamiento.

DILUIR EL PENSAMIENTO NEGATIVO PARA QUE NO OSCUREZCA NUESTRA MENTE

Si albergamos en nuestra mente pensamientos negativos y los dejamos rumiando en nuestra cognición e imaginario, los amplificamos de tal manera que van adquiriendo un peso cada vez mayor en nuestra vida. Progresivamente tenderemos con más facilidad a interpretar los hechos de forma negativa, y nuestra perspectiva se irá tiñendo de las mismas interpretaciones sesgadas y cada día más distorsionadas. Esto es así porque nuestras «voces» negativas van cobrando un mayor protagonismo y nuestro egocentrismo las usa como imán para buscar nuevos argumentos y circunstancias que las solidifiquen con tal de justificar su existencia. De esta manera, nuestro patrón disfuncional cognitivo y emocional acaba tejido por miles de argumentos negativos y las historias que nosotros mismos narramos para justificarlos. Nuestros genes pesan en esta construcción, pero nuestra habituación mental a los pensamientos negativos los sostiene, los incrementa y nos hace creer en su realidad como única perspectiva. Diluirlos es tan importante como detectarlos o conocerlos, y para ello nos servimos de sus antídotos, los pensamientos constructivos y los estados virtuosos.

De igual manera que una situación que nos da miedo la convertimos en catastrófica en nuestra mente, sin ningún sentido ni utilidad, podemos usar este mecanismo para conseguir el efecto contrario. Para familiarizarnos con estados virtuosos, con cualidades que nos conectan con la humanidad, a través del amor bondadoso, la compasión y el altruismo. Para fomentar estados que rompan las barreras del ego y nos permitan diluir nuestra mente egocéntrica. Es un cultivo mental que dotará de sentido tu vida, que estabilizará tu perspectiva y te permitirá vivir con gratitud, serenidad y equilibrio. Porque si solo prestas atención a los pensamientos negativos, aunque pasen cosas positivas a lo largo del día, estas no quedarán registradas en tu mente por falta de atención.

Estamos rodeados de oportunidades para seguir creciendo, compartiendo y aliviando tanto nuestro sufrimiento como el de los demás. Para ello, sin embargo, **necesitamos salir del egocentrismo que nos conduce a la queja y a la mirada negativa o destructiva de su interpretación velada**, permitirnos cultivar una mirada bondadosa en la que sentirnos dentro de una red de relaciones que, al cuidarlas y fortalecerlas, nos sostendrán en cada una de las circunstancias, desde la fortaleza de nuestra mente y el coraje de nuestro corazón entrenado para salir ganando.

Es preciso que rescatemos de nuestro flujo de conciencia los pensamientos y eventos positivos que equilibran nuestro estado, que nos cuidemos para que no venza el peso del sesgo negativo.

Equilibrar los pensamientos positivos y cultivar estados virtuosos en tu mente construirá los pilares de tu flexibili-

dad mental y tu capacidad de resiliencia. Esa capacidad de salir fortalecido de las adversidades. Una mente familiarizada con sus recursos, fortalezas y cualidades de amor y compasión facilitará que tus relaciones interpersonales, y sus circunstancias, sean constructivas, seguras y afectivas. Entrenarás para que tu mente no se oscurezca por los velos aflictivos, para sostenerla cada día, en cada circunstancia, en el equilibrio y la lucidez de una vida plena, en armonía.

Y estos resultados quedan demostrados en todas las investigaciones que nos muestran que este entrenamiento fortalece las áreas del cerebro que transmiten empatía y compasión, favorece un aumento del afecto positivo y del sentido de coherencia, especialmente respecto al significado de la vida, alimenta la empatía y la esperanza, y mejora la percepción de la calidad de vida. Mejora, asimismo, la conciencia del propio cuerpo, la introspección y el cambio de perspectiva, y se relaciona con niveles más altos de curiosidad y receptividad a nuevas experiencias.

Mediante el entrenamiento facilitamos que se sucedan los cambios psicológicos positivos que requerimos para transformar la manera en la que nos relacionamos con la vida, promoviendo actitudes y emociones resilientes. Así, podríamos decir que la meditación y el entrenamiento mental conectan el cerebro superior y el inferior para conseguir un conjunto más integrado y eficiente al dar sus respuestas internas y externas, potenciando su transformación y desarrollo en una gran variedad de virtudes humanas.

Liberarnos de la rumiación para que no infecte nuestra mente

La mente conversa en todo momento consigo misma, recuerda acontecimientos pasados, los entrelaza y los rellena creando historias que le parecen más adecuadas, planea el futuro, anticipa catástrofes que nunca llegarán, ve situaciones futuras que asume como realidades. Este parloteo es inevitable y normal, pero conviene evitar que bloquee nuestro bienestar, que nos intoxique la mente o que nos aleje del presente. Cuando la mente regurgita obsesivamente pensamientos que nos atrapan en elaboraciones disfuncionales no hace más que agravar nuestro sufrimiento mental. A este proceso le llamamos «rumiación», y es un estado de gran activación cognitiva en el que se suceden los pensamientos de forma intrusiva, generando confusión y agotamiento, tanto mental como físico. **Pensar demasiado fatiga y no resuelve nada.** Es un proceso que deja nuestra mente opaca, confusa y distraída del presente para que, mientras tanto, las aflicciones activadas sigan infectando las heridas mentales, bloqueando la capacidad natural de sanación de la mente.

En la práctica de la meditación corregimos estos hábitos mentales entrenando estados de calma. Los estados de calma facilitan que diferenciemos cuándo la mente se sitúa en un lugar tóxico, con pensamientos negativos, y podamos reconducir nuestra atención hacia un lugar seguro. Hacia asociaciones constructivas e inspiradoras que nos ayuden a desarrollar una vida más efectiva y saludable. Y para ello tomamos conciencia de que los pensamientos e imágenes que experimentamos no tienen existencia inherente, solo existen en nuestra mente y son meras elaboraciones. Son eventos mentales que puedes aprender a construir, reestructurar y reencuadrar. Por lo tanto, responder reactivamente a ellos con aferramiento o aversión, como si fueran intrínsecamente agradables o desagradables en sí mismos, no es un buen ajuste funcional.

No subestimes el poder de tus pensamientos, ellos dirigen tu conducta. Lo más efectivo es aprender a seleccionar los pensamientos constructivos, positivos, resilientes, virtuosos. Pensamientos que te conduzcan a salir fortalecido de la situación, sea cual sea. Construir una mente firme, segura y saludable depende de tu entrenamiento. La mente crea una media de veinte mil pensamientos diarios, de los cuales alrededor de un 70 por ciento los repite el día siguiente, en un incesante continuo mental. Si no decides conscientemente a cuáles quieres prestar atención y cuáles prefieres dejar pasar, serán las aflicciones y tus condicionamientos pasados los que los elijan. Se requiere la atención para elegir e integrar pensamientos de una forma que tienda al equilibrio.

DETENER LA MENTE PARLANTE, MEJORAR LA CALIDAD DEL SUEÑO

Algo muy común en una mente agitada es que permanece despierta aun cuando tu cuerpo clama por descanso y relajación. Llega la noche y, a pesar de que tu cuerpo está agotado, ella decide volver a repasar las tareas pendientes o contarte historias que te preocupan, rescatar asuntos inconclusos o fantasías catastróficas de futuro. Una «agenda» mental que repasa una y otra vez lo que le queda por hacer o los problemas que podría conllevar no hacerlo, una lista interminable de situaciones que solo habitan en tu imaginación, pero que pueden llenarte de angustia y desesperación. Tu mente se precipita hacia el futuro, las preocupaciones y el incesante afán de controlar todo lo que pueda ocurrir, y eso genera un estado de estrés o ansiedad contraproducente. La mente agitada y con el «modo hacer» continuamente activado ni soluciona ni descansa para solucionar mejor.

Este estado nos agota y nos crea cada vez más angustia o inquietud. Aprender a mantener la calma del silencio interior, regresar a un contacto sereno con nuestras necesidades, disminuir el estrés y ocuparnos paso a paso de cada uno de los eventos y circunstancias es lo que convertirá la preocupación en una ocupación resolutiva. Y en la meditación entrenamos este «silencio» mental. Porque tu mente seguirá intentando llamarte la atención cada noche —y cada día— con temas suculentos, pero puedes tomar conciencia de ello, darte cuenta de su contenido incesante y discernir lo importante, para encargarte de ello, de lo que es mejor dejar pasar. Puedes no fusionarte con los pensamientos. A la vez, la meditación nos ayuda a entrenar la generación de estados virtuosos que nos sostengan conectados al presente, a nuestra confianza y a nuestros recursos internos. De esta manera, cuando nuestra mente se lance a divagar en los pasajes «aterradores» de un futuro imaginado podrá girar hacia escenarios de apreciación positiva y decantar nuestro estado hacia el equilibrio.

La meditación también nos entrena para establecer un contacto saludable con las sensaciones corporales, sin poner etiquetas, hacer interpretaciones ni dar respuestas reactivas. Atenderlas te permitirá detectar las tensiones, aprender a relajar el cuerpo y la mente y satisfacer tu necesidad de descanso. En el ámbito de la salud psíquica, la meditación ha demostrado su eficacia en la prevención y el tratamiento de diferentes síntomas de ansiedad, síntomas depresivos y sus recaídas, síntomas relacionados con las obsesiones y algunos síntomas de los trastornos de la conducta alimentaria y del ámbito de las adicciones. Además, la meditación beneficia la salud física, puesto que su influencia positiva se ha demostrado en el tratamiento de enfermedades como el cáncer, el dolor crónico, la hipertensión, las enfermedades cardiovasculares o la psoriasis, y en la mejora del sistema inmune y de la calidad del sueño. Por último, al igual que ocurre con el ejercicio físico, estimula la producción de endorfinas, la hormona que nos produce la sensación de felicidad y euforia.

RESUMEN DE BENEFICIOS

A lo largo de diferentes estudios se han demostrado los múltiples beneficios de la práctica de la meditación para fomentar la salud y el bienestar, para prevenir y tratar diferentes enfermedades físicas y psíquicas, y para aumentar el nivel de satisfacción vital. Se demuestra cómo a través de nuestro comportamiento corporal y mental podemos hacer cambios fascinantes en nuestro cerebro, e incluso en nuestros genes. Los estados mentales entrenados con constancia a largo plazo van transformando tu cerebro y, dependiendo del estado mental que más fomentes, aumentará tu bienestar o tu sufrimiento.

RESUMEN DE LOS BENEFICIOS DE LA PRÁCTICA DE LA MEDITACIÓN

- Disminución de niveles de estrés y ansiedad.
- Reducción de la sintomatología depresiva y prevención de recaídas.
- Mejora la regulación emocional, facilitando el equilibrio.
- Mejora la capacidad de atención.
- Mejora la concentración.
- Aumenta la metacognición, la capacidad de observar los fenómenos desde fuera.
- Aumenta la capacidad reflexiva, disminuyendo los niveles de impulsividad.
- Favorece estados de calma y relajación.
- Favorece estados mentales positivos.
- Fortalece el sistema inmunitario.
- Mejora la consciencia del cuerpo, la interocepción y los procesos sensoriales.
- Aumenta la empatía y la compasión.
- Favorece el desarrollo de una mente flexible.
- Favorece el desarrollo de un yo experiencial.
- Mejora la calidad del sueño, favoreciendo un mejor descanso.

La práctica de la meditación es una herramienta a tu servicio, pero solo tú puedes hacer de ella una guía que te oriente en tu vida, un camino. ¿Por qué limitar tu vida y tu crecimiento? ¿Por qué no cultivar el bienestar común?

Las dificultades y adversidades existen, y podemos solucionarlas sin causar conflictos que nos dañen. Podemos generar estados de paz, fuera y dentro, armonizando todas nuestras partes para salir de la prisión egocéntrica y permitir que la ecuanimidad y la interdependencia nos lleven a conectar con la grandeza y la bondad del ser humano. A vivir felices, en el bienestar.

Todos tenemos capacidad para entrenar nuestra mente con este fin. Eso sí, la meditación no es ninguna panacea. Requiere disciplina y constancia y, sobre todo, de una intención clara. No es una terapia en sí misma, sino una poderosa y exquisita herramienta de desarrollo interior.

6

El poder de transformar tu mente

> Y en el encuentro silencioso, sostenida en la pre-
> sencia de este pequeño instante, sentí desplegarse
> todo lo eterno.

Cuando la conocí, Ana era una mujer triunfadora, con grandes objetivos y eficaces recursos internos para alcanzarlos.
Sin embargo, la chispa de sus ojos estaba apagada, su satisfacción genuina se desvanecía entre las mil actividades y discursos internos con los que lidiaba cada día. Corría en una
carrera sin fin por conseguir más cosas. Siempre habría algo
más que conseguir, otro reto que superar, algo nuevo que
aprender, sin embargo, ¿cómo era posible que tras su éxito
se sintiera su fracaso? Ana buscaba en el lugar inadecuado.
Lo conseguía todo, pero no lo verdaderamente importante
para ella. **Se había alejado tanto de sí misma que había perdido el contacto genuino con su bienestar, con el cuidado de
su ser.** Con el «modo hacer» y el «modo tener» siempre acti-
vados, anteponía a cualquier otra cosa la búsqueda continua
de distracciones y, sin darse cuenta, enmascaraba su miedo
al silencio, a encontrarse con ella misma. A veces, cuando in-
tentaba atenderse, solo descubría un continuo ruido mental

que la inundaba, solo escuchaba las voces del ego y sus aflicciones. Se enredaba en ellas para ganarles la batalla en una guerra en la que no le daban tregua. Lidiar con ellas le absorbía toda la energía. Se había convertido en una mujer rodeada de éxitos, pero que se sentía encarcelada en su propia mente.

Hasta que un día, ante una experiencia que la sobrecogió, decidió que no era cuestión de más guerra, sino de apostar por la paz. Por un encuentro silencioso y consciente con ella misma, con sus necesidades, con su verdadera esencia. Un encuentro en el que construir el equilibrio necesario para cuidar de sí misma y procurar el bienestar. Todo cuanto buscaba estaba bajo el ruido, pero ¿cómo podría apartarlo? Es más, ¿estaba de verdad dispuesta a bajar el volumen de sus discursos internos?

Al igual que le sucedía a Ana, la agitación y el ruido mental muchas veces nos alejan del bienestar. Iniciamos su búsqueda hacia fuera cuando en realidad debemos cultivarlo dentro. Necesitamos crear una habitación segura en nuestra mente en la que poder entrenar la calma y trabajar la claridad mental. Una mente lúcida que nos guíe al hacer los diferentes ajustes que precisamos para crear cada instante en armonía con nuestro sistema de valores.

Es mediante el silencio y la calma de nuestra mente como podemos entrenar el equilibrio en la atención, la cognición y la emoción para dar prioridad a las respuestas adaptativas y satisfactorias que nos permitan adquirir virtud y sabiduría. En definitiva, la meditación es una invitación a conocerte y entrenarte para vivir en plenitud.

CULTIVAR LA ARMONÍA

Hay momentos en la vida en que necesitamos parar, atendernos y sanar nuestras heridas. Las prisas del día a día no nos permiten tomar en cuenta esta necesidad y creamos una coraza emocional que muchas veces se nos vuelve en contra, nos aleja de nuestra esencia y nos dificulta el contacto genuino con nosotros mismos. Nos boicoteamos, nos endurecemos emocionalmente y terminamos siendo nuestros peores enemigos. Nos hablamos internamente con actitud dura, crítica y exigente, sin ofrecernos el aliento y la comprensión que realmente necesitamos. Dejamos de cuidar nuestro mundo interno y empezamos a dirigirnos hacia el exterior para conseguir estar satisfechos. Libramos una batalla perdida, puesto que solo conseguimos estar distraídos. La satisfacción requiere un sano ajuste de nuestro mundo interno y externo, una armonía interdependiente en la que el cuidado, la atención y la virtud se tornan imprescindibles.

Cultivar la armonía precisa una conciencia amable, una presencia plena en la que acompañarnos con cuidado y sabiduría para aprender a sembrar virtud para el bienestar. Nos conduce a una atención en la que, desde el presente, podemos crear las causas y condiciones necesarias para armonizar nuestra vida y dejar la búsqueda compulsiva de placer a la que el ego nos impulsa en un autoengaño disfrazado de felicidad consumible. Y para cultivar la armonía hace falta un entrenamiento diario, gracias al que podremos restablecer el equilibrio intencional, atencional, cognitivo y emocional para seleccionar respuestas que nos conduzcan en la dirección elegida.

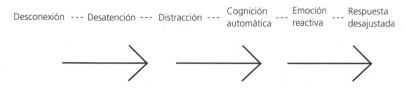

En la práctica de la meditación entrenamos nuestra percatación y atención para sostener un sistema de contacto armónico, satisfactorio y virtuoso con el presente, hecho que nivelará nuestros estados aflictivos para que no tomen las riendas y creen un sistema de contacto tendente al sufrimiento.

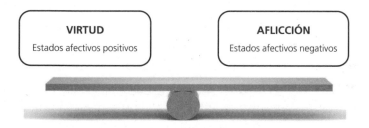

Cuidar de este equilibrio es lo que hará que no te devoren ni el caos de las turbulencias emocionales ni el control y la rigidez mental.

Cuando empezamos el entrenamiento, la balanza de Ana se inclinaba demasiado hacia el extremo aflictivo, tanto que ella se instaló a vivir en él. Se sentía frustrada, enfadada con el mundo, cargada de autocríticas y exigencias que la condenaban a ser esclava del tiempo, lo cual le hacía perder la ilusión por tantas cosas que realmente amaba. Lo tenía todo, pero pensaba que su vida era un desastre, se sentía sola y se llenaba de fantasías catastróficas sobre su futuro.

Este desequilibrio es muy común y nos conduce a una espiral aflictiva, de modo que nuestra emoción y nuestra cognición se encierran en la negatividad. Es decir, en discursos internos llenos de crítica, exigencias rígidas o sesgos negativos que nos llevan al contacto creciente con la frustración, la ira, la tristeza. Aumentamos desde dentro, y casi sin darnos cuenta, nuestros estados afectivos negativos. Nos desequilibramos y perdemos el contacto con nosotros mismos, con nuestras necesidades esenciales. Esta desconexión nos aleja del poder que tenemos para crear los ajustes funcionales que requiere el bienestar. **Te invito a descubrir en la meditación el poder de transformar tu mente.** Y desenredarte para salir del bucle de sufrimiento, dejar de rumiar pensamientos negativos y escapar de la prisión del ciclo disfuncional. Te invito a vivir tu presente con la plenitud de una mente clara y lúcida, virtuosa y sabia. Una mente entrenada para generar bienestar en su mundo interrelacional. A cada paso, mientras caminas.

El cambio profundo requiere un proceso vivo y atento, en continuo movimiento. Un proceso de contacto con el presente, con el entorno y con tu necesidad actual, que precisa una integración consciente, reflexiva y adaptativa que solo una mente lúcida y clara puede realizar. La confusión oscurece la mente y no nos permite ver la puerta de salida, la resolución, el mejor ajuste. Cada día nos hacen falta momentos de silencio y de autocuidado, y tenemos que restaurar el equilibrio interno. Si no lo hacemos, aumentarán las probabilidades de que caigamos en una desatención que activará nuestros hábitos mentales condicionados, automáticos y reactivos. Unos condicionamientos que suelen ubicarse en los extremos del caos emocional, de la agitación o la rigidez mental. Impulsos y acciones no evaluativas que te llevan, de nuevo, al lugar de siempre. Repetimos los mismos errores porque hacemos las mismas elecciones. Necesitamos nuevas perspectivas, flexibilidad mental, seguir observando el mundo con asombro y curiosidad. Seguir indagando, conociendo, creciendo. Sin resistencias, con la aceptación transformadora que surge de la confianza.

CUALIDADES DEL PROCESO DE CONTACTO SANO
• Flexible, fluido, en constante cambio y movimiento.
• Interacción entre mundo interno y externo satisfactoria.
• Calidad atencional y una adecuada guía intencional que la dirige hacia la integración adecuada de la experiencia.
• Respuestas ajustadas a la satisfacción de mis necesidades.

CUALIDADES DEL PROCESO DE CONTACTO DISFUNCIONAL
• Rígido, caótico, azaroso, no atento o absorto.
• Atención dispersa, opaca y falta de claridad en su dirección.
• No se posibilita la integración.
• Tendencia a caer en uno de los extremos: en la rigidez de interpretaciones pasadas o en el caos de la dispersión.
• Respuestas reactivas aflictivas.
• Disminución de las posibilidades de satisfacción y aumento del sufrimiento.

La meditación te invita a cultivar estos estados de equilibrio mental mediante un proceso de contacto saludable. Te invita a adoptar un estilo de vida en el que la satisfacción no viene dada por lo material ni por el placer de tener más, ser más o hacer más, sino que se construye en un continuo proceso de satisfacción de necesidades y cumplimiento de valores, ética e inquietudes. Te invita a cultivar una tendencia al desarrollo interior en dirección al bienestar.

Eʟ sɪʟᴇɴᴄɪᴏ ᴅᴇ ᴛᴜ ᴍᴇɴᴛᴇ, ᴇʟ ᴀʀᴛᴇ ᴅᴇ sᴏʟᴛᴀʀ
ʟᴀ ʀᴜᴍɪᴀᴄɪóɴ

Cuando nuestra mente está ocupada en un continuo parloteo, su incesante actividad y movimiento alrededor de nuestros patrones habituales de pensamiento, así como de las reacciones emocionales automáticas que se desencadenan, nos
aleja de la armonía. Nos agota. Este funcionamiento inquieto
de la mente genera tensión, y si gira en torno a patrones disfuncionales y negativos, creará mayor estado de aflicción,
pesar y sufrimiento. **Aprender a relajar la mente es aprender
a desengancharla de la rumiación que atrapa nuestra atención.** Y esto no es dejar la mente en blanco, la mente no de-
jará de pensar, ¡pensar es una de sus funciones! El contenido
mental es inacabable, y el ruido de su constante parloteo
puede distraernos y atraparnos en su remolino. Cultivando
una mente en calma se crea el espacio suficiente para tomar
perspectiva, un espacio desde el que observamos en silencio
el devenir de los continuos pensamientos, sin fusionarnos
con ellos ni reaccionar ante su contenido. Una perspectiva
que nos permitirá crear un estado de conciencia más reflexi-
vo, menos impulsivo y menos contaminado por las aflicciones e impulsos del egocentrismo. Como el agua de un río que
discurre en calma, que no está parada sino que sigue corrien-
do incesante, así permanecen continuamente nuestra mente
y su contenido. Puedo ver su incesante fluir natural y entrenar la capacidad de no fundirme en él, de no tirarme al río y
permanecer en la orilla observando su caudal. Esta perspectiva más amplia nos permite adoptar una estrategia más efectiva, ajustar mejor nuestra necesidad con el entorno. En cam-

bio, sumergirnos en el ruido mental es como ahogarnos en el río. Quedarnos cuidando nuestro equilibrio mental es aprender a regular su caudal. Observar la corriente sin precipitarnos en ella. Cuando conseguimos esto, nuestra mente se convierte en un lugar seguro donde poder estar presentes practicando el cuidado y la atención. Tendremos una perspectiva que nos ayudará a comprender mejor la experiencia interna y externa, a tomar las decisiones correctas y a restablecer la armonía. Podremos reconocernos en nuestros pensamientos y sentimientos, incluso en los más adversos y dolorosos, para atenderlos, comprenderlos y aliviarlos. Podremos atendernos sin reactividad, sin guerras, construyendo la paz. Con amor.

EL «YO FUTURO»

Hablamos mucho de cómo planificar metas y objetivos para superar retos y conseguir reconocimiento y dinero, pero poco de cómo queremos tratarnos y cuidarnos hoy para que nuestro «yo futuro» pueda sentirse bien, estar satisfecho y albergar un corazón y una mente sana. Nuestro «yo futuro» está más presente en el aquí y ahora de lo que imaginamos. Es un constructo que vamos creando a cada instante, en cada interrelación, con cada decisión, con cada «veneno» que tomamos o decidimos no tomar. Somos nosotros los que, en el presente, sembramos las causas y condiciones de nuestro sufrimiento o nuestro bienestar, y en cada instante materializamos ese «yo futuro» del que ayer te ocupaste o despreocupaste. Sin embargo, cuando lo diseñamos en nuestra mente a largo plazo solemos imaginarlo muy alejado de nuestra realidad presente; definimos una imagen ideal a la que queremos llegar y no tomamos en cuenta qué debemos hacer para acercarnos a ella cada día un poco más. Al fin y al cabo no sabemos quiénes seremos en el futuro, pero sí podemos comprobar en el presente si nuestras decisiones de hoy nos alejan o nos acercan a la imagen que deseamos alcanzar. ¿Mis pensamientos y acciones son sintónicas con esta visualización? ¿Me estoy tratando con el suficiente respeto para que mi «yo futuro» crezca a partir de la semilla fértil que siembro hoy?

En el estado de conexión que nos recuerda la meditación cultivamos un estado de conciencia para estar presentes en nuestra vida, para elegir la forma en la que la construimos. No tanto guiados por el ego y los objetivos del «modo hacer», sino con la intención genuina de lograr el crecimiento interior que nos permite desarrollar nuestro potencial. ¿Estaré orgullosa en mi futuro de la decisión de hoy? ¿Me estoy acercando con esta acción al yo que deseo llegar a ser?

Discernir si las causas y condiciones que creamos resultarán en sufrimiento o en bienestar solo podemos hacerlo si tenemos conciencia. El inconsciente te empujará una y otra vez a los mismos mecanismos de afrontamiento, las mismas respuestas con similares resultados. **Por esta razón vivir con el piloto automático puesto es cómodo pero inseguro. La inercia de tus condicionamientos pasados deciden por ti.** Tus sombras y tus miedos no se desvanecerán puesto que siguen siendo evitados y, por tanto, repetidos una y otra vez. Necesitamos nuestra presencia plena, nuestra conciencia, para elegir nuestras conductas, para resolver nuestros bloqueos y para permitirnos seguir creciendo con salud.

La salud psíquica requiere un ajuste dinámico y funcional con el entorno. Ajuste que se construye gracias a nuestra función de contacto, una función que nos permite asimilar o rechazar aquellos elementos de la experiencia que nos faciliten un crecimiento saludable. En este sentido, **no se trata de que tu entorno cambie sino de que tus limitaciones internas desaparezcan y puedan dar paso a una presencia sana y virtuosa mediante la que puedas ser consciente de tus elecciones.**

Para contemplar un sentido vital que cuide del «yo futuro» hace falta una mente lúcida y en calma que pueda mantener la virtud, la ética y ecuanimidad en cada una de las circunstancias. Por el contrario, ante situaciones de estrés, de intensidad emocional o dificultad, se activarán nuestras respuestas automáticas y reactivas, esos patrones condicionados que nos llevarán, con mayor probabilidad, a unos desajustes continuos e insatisfactorios. A mecanismos de defensa del yo, rígidos y absolutistas que desvelan su miedo y te encorsetan en sus diferentes «personajes» egoicos, un baile continuo de aflicciones.

Elegir salir ganando

Cada día nos encontramos con dificultades, distracciones, obstáculos y circunstancias aleatorias, y transitarlas en este estado de conciencia nos permite transformarlas en una oportunidad de aprendizaje para descubrir nuevas formas de relacionarnos con el entorno y hacernos mejores personas. Para salir ganando en cada una de las circunstancias, necesitamos romper con las barreras de tantas expectativas o «deberías» sobre lo que en realidad «tendría que haber ocurrido». Optar conscientemente por no resistirnos a ellas y entrenar la integración y la elaboración que nos permita seguir creciendo internamente. Y esto no es resignación —mecanismo que le sirve al ego para ponernos trampas—, sino una aceptación poderosa y radical que nos ayuda a transformar cada circunstancia a nuestro favor. Tú decides: conflicto o resolución, queja o búsqueda de la satisfacción de tu necesidad, resignación o transformación. Descubrirte fuera de tu zona de confort quizá pueda movilizar la incertidumbre y la inseguridad, pero si sabes sostenerte a través de la confianza, sin duda te hará crecer. ¿Hacia dónde? Donde tú quieras.

Prestamos poca atención al entrenamiento de nuestra mente y el cuidado de nuestra salud mental. Ignoramos la importancia de hacerlo en el día a día, y esperamos a tener un síntoma grave, una crisis que cambie bruscamente nuestra vida, para valorar el equilibrio. Pensamos que la felicidad queda ahí fuera, y la situamos tan apartada que creemos que hemos de perseguirla. Y mientras tanto sufrimos porque no la tenemos. Evitamos responsabilizarnos de nuestras decisiones, que son, en definitiva, las que nos la ofrecen, nos la acercan o nos alejan de ella. **Esta felicidad, la que surge del bienestar interno, de la armonía fundamental de todas nuestras partes, es la que realmente nos puede sostener a largo plazo en todas las dificultades y puede permitirnos hacer el ajuste necesario y adaptativo que nos ayude a aprender de ella para salir ganando.**

TERCERA PARTE

La práctica de la meditación

7

La meditación atencional: el poder del mindfulness

Asombrarme. Mostrarme. Arriesgarme. Confiar.
Crecer. Caer. Estar presente en mis errores.
Volver a ponerme en pie.

El mindfulness es la técnica de la familia de las meditaciones atencionales que cuenta con mayor popularidad, tanto por sus beneficios en la reducción del estrés y la ansiedad como por la rapidez con la que aparecen estos efectos positivos. La práctica del mindfulness ha demostrado ser altamente eficiente en pocas semanas. Existen estudios que corroboran su efectividad tras entre seis y ocho semanas de práctica diaria.

¿QUÉ ENTENDEMOS POR MINDFULNESS?

Con el término «mindfulness» nos referimos a la habilidad de prestar atención plena al momento presente, sin hacer juicios ni poner etiquetas, sino mostrándonos amables y abiertos a la experiencia. Esta habilidad nos permite cultivar la calma mental y permanecer presentes, receptivos, curiosos y dispuestos a aceptar la realidad que nos rodea. Esta aceptación facilita el cese de la resistencia mental, una de las causas de mayor sufrimiento en el ser humano y que nos predispone a la transformación de cada instante. A diferencia de la resignación, la aceptación nos faculta para realizar los ajustes funcionales que el momento requiera con el fin de que sean beneficiosos y no tóxicos. Este continuo ajuste de nuestro mundo interno y externo, cuando es fluido y atento, sin reactividad, nos conduce a un crecimiento interior gracias al cual podemos satisfacer nuestras necesidades y lograr un desarrollo interior óptimo para encontrar sentido y armonía en nuestra vida. Una alineación perfecta que solo podemos conseguir con una mente lúcida y en equilibrio que nos permita romper el ciclo disfuncional de nuestros patrones tóxicos de funcionamiento cognitivo y emocional y de respuesta ante el entorno.

Cultivar la atención plena y la calma mental

La práctica del mindfulness es también conocida como «entrenamiento de la atención plena». En ella conseguimos entrenar la estabilidad de la mente para conseguir restaurar su equilibrio y desarrollar calma. Es una habilidad que nos ayuda a estar presentes y, mediante la autorregulación, conseguir que nuestro mundo interno y externo se armonicen en beneficio de una vida plena.

Cultivar esta estabilidad es necesario para poder regular nuestros estados aflictivos, para que no nos secuestren y no nos sintamos devorados por ellos. Cuando la mente está agitada y conducida por una aflicción, incrementa el malestar y el sufrimiento. Disminuye el contacto con nuestra confianza y nuestros recursos de adaptación. El sufrimiento dificulta el ajuste adaptativo y funcional orientado al bienestar.

«Solo me vienen pensamientos negativos y cada vez me siento más triste y abrumado». Pablo trabaja en un despacho de arquitectos. Le fascina su trabajo, y siempre había tenido una gran confianza en sus capacidades. Era perfeccionista y se implicaba a fondo en sus proyectos. Sin embargo, empezó a faltarle el aire y a sudar sin parar, con el corazón palpitándole a gran velocidad, cuando se sumergía en uno de sus proyectos. Dejó de disfrutar con su trabajo y cada vez le resultaba más difícil centrarse en él. Solo le venían a la mente pensamientos negativos y situaciones catastróficas que lo ponían cada vez más triste y lo agobiaban. Se estaba instalando en el miedo, la preocupación y la ansiedad, en el abatimiento y la tristeza.

El detonante de esta cadena reactiva fue una crítica que él repitió incesantemente en su cabeza, la rumió, la hizo más grande, desproporcionada, le añadió multitud de detalles que no eran reales y la proyectó hacia un futuro desastroso en el cual no se veía con recursos de afrontamiento, sino abatido por tanto desastre. Se veía fracasando.

Sus distorsiones lo abrumaban tanto que lo aterraban. Y todo porque la aflicción del miedo lo absorbió y tiñó todos sus pensamientos, le montó predicciones trágicas a las que otorgaba credibilidad. El miedo se estaba convirtiendo en ese monstruo que lo invalidaba, le estaba ganando la partida y él no se percataba de ello. Pablo se había instalado en la habitación del miedo. Necesitaba salir de ella, restaurar el equilibrio y anclarse al presente para detener las rumiaciones. Necesitaba volver a respirar con calma.

Cuando nuestra respuesta ante el entorno viene concebida por una cadena reactiva, el proceso suele ser automático y poco funcional. Muchas veces te habrás descubierto validando predicciones catastróficas que solo tu mente estaba produciendo, o avasallado por un torbellino emocional que te conduce a estados aflictivos de ira, miedo o tristeza. El entrenamiento en mindfulness te permite tomar la perspectiva suficiente para poder escapar de este secuestro y frenar la cadena aflictiva, poder restaurar la calma mental y regular tu sistema emocional y cognitivo para regresar al presente de una manera plena. Te permite restablecer el contacto saludable con tus recursos, con tus capacidades y con las circunstancias presentes para ajustarte a ellas de la mejor forma. Sin juicios, practicando la amabilidad que genera asentar tu mente en un lugar seguro. Ese lugar en el que entrenamos una mente ecuánime y lúcida que no se fusione con el contenido mental. Un lugar donde discernir y dejar ir las voces que nos crean inseguridad, pensamientos sesgados y escenarios catastróficos, y retornar al contacto armónico con tu presente. Desde la calma y la atención plena.

La ansiedad secuestra tu mente

Podríamos definir la ansiedad como la brecha entre el presente y el futuro imaginado. Un espacio en el que se proyectan los miedos e inseguridades. Un supuesto catastrófico en el que la incertidumbre del futuro se convierte en una amenaza tan invalidante que no se puede soportar el contacto con ella. Entonces se inicia el proceso de evitación como mecanismo de defensa. Un mecanismo que te aleja de la situación amenazante pero que retroalimenta el miedo irracional. Lo da por válido y lo engrandece. La ansiedad provoca una multitud de síntomas físicos tales como sudoración, palpitaciones, inquietud, tensión y, sobre todo, sufrimiento emocional. Síntomas que pretendemos aliviar evitando la situación pero que no sanamos. Al eludir el contacto con ella, no nos ofrecemos la posibilidad de afrontarla restaurando el equilibrio, la relajación; de tomar en cuenta nuestros recursos adaptativos en lugar de los evitativos. De esta manera, es como si la mente no saliera de la habitación del miedo, como si quedara secuestrada por estos estados y síntomas. La intensidad de la emoción nos bloquea. Nos hace sentir una amenaza desestructurante que dificulta la elección de la mejor respuesta adaptativa.

Los síntomas de ansiedad son una clara prueba de que nuestra mente agitada y presa del miedo condicionado requiere restablecer la calma y la relajación, el contacto pleno y sereno con el presente, sin fusionarnos en nuestros pensamientos, sino desplegando nuestros recursos de afrontamiento. Solo cultivando un presente en equilibrio podemos generar las respuestas adaptativas y funcionales que la situación precisa. **Podemos aprender a regularnos emocionalmente y asentar la mente en un estado de calma que nos proporcione estabilidad, claridad y lucidez. A establecernos en un lugar seguro de nuestra mente en el que poder elabo-**

rar respuestas más reflexivas y adaptativas ante las diferentes circunstancias que nos afectan.

La práctica del mindfulness entrena una mente ecuánime y una observación sin juicio, una perspectiva que nos impulsa hacia la integración funcional de la experiencia.

Crear un lugar seguro y estable en mi mente

Cuando entrenamos la meditación mindfulness aprendemos a no fusionarnos en el caudal incesante de pensamientos.

Todos los pensamientos son abstracciones, eventos mentales que, si les prestamos demasiada atención, si nos fusionamos con ellos, pueden alejarnos de nuestra mente experiencial, de vivir en contacto con el momento presente. Van limitando nuestra mente de tal modo que la van haciendo cada vez más rígida. Fusionarnos con ellos es normal, nos sucede continuamente, y por eso entrenamos la percatación, para no permanecer demasiado tiempo «perdidos» en ellos, sobre todo cuando estos son sesgados, negativos y nos generan sufrimiento. Si les damos todo el poder, pueden atraparnos e intoxicar nuestra mente. Es como tomar un veneno y dejar que se extienda por el cuerpo. Rumiar determinados pensamientos y preocupaciones tiene este mismo efecto, por lo que es necesario que estemos atentos y los detengamos, y así regresar al contacto con el presente, tomar perspectiva y relativizar. Establecer un lugar seguro en nuestra mente desde el cual poder regresar a nuestro equilibrio. Cultivar una mente estable requiere atención y firmeza. Requiere equilibrar nuestros estados y regularlos para que las aflicciones y los sesgos negativos no nos conduzcan a estados afectivos negativos que nos creen mayor sufrimiento.

Aprender a cortar esta cadena tóxica y reactiva es importante para nuestra salud mental. Nuestra mente debe ser un espacio seguro, y hemos de cuidarlo. Nuestra mente divagará sin parar, con cada acontecimiento o pensamiento, esto es normal, sucede a cada instante.

Volvamos al ejemplo de Pablo. Para él era importante restablecer la calma, estar presente en la tarea que realizaba sin distracciones, planificar un proyecto sin rumiaciones ni pensamientos negativos, conciliar el sueño sin repasar las tareas pendientes ni abrir los pasajes del miedo. Comía en un tiempo récord, absorto en los pensamientos, en las tareas que haría luego, en lo que le pasó ayer, imaginando lo que le diría a su hijo. Todo a la vez, mientras que lo único que tenía que hacer era comer. Como él, ¿cuántas veces te has visto tú en la situación de terminar de comer sin haber sido consciente de los sabores de los alimentos, o incluso de no saber, una hora más tarde, ni lo que has comido? ¿Y cuántas veces te ha pasado que mientras desarrollabas un proyecto te han inundado un montón de pensamientos negativos que solo te han creado malestar? A Pablo, cada vez que se sentaba a realizar un trabajo, lo asaltaban los siguientes pensamientos automáticos: «Va a ser un desastre, no voy a llegar a tiempo», «Los demás lo están haciendo mejor», «Tanto tiempo dedicado al proyecto y no conseguiré el resultado que quiero», «Sacarán pegas a todo». Lo mismo a la hora de ir a dormir. ¿Cuántas veces has tardado en conciliar el sueño porque justo cuando te acuestas se activan mil pensamientos sobre tareas pendientes, reproduces conversaciones que te han molestado y te imaginas contestándolas o que se las cuentas a otra persona, o anticipas el día que tendrás mañana?

Todas estas situaciones son más comunes de lo que imaginamos y, experimentadas con frecuencia, generan sufrimiento. No podemos prestar tanta atención a nuestros supuestos mentales. Es preciso que aprendamos a detectar aquellos que son negativos, distorsionados o desadaptativos para que no desequilibren nuestro sistema. **Necesitamos tener nuestra atención en forma para no tomar venenos ni quedarnos atrapados en ellos.**

OBJETOS CON LOS QUE SE ENTRENA

En la práctica del mindfulness entrenamos el sostén de la atención sobre un objeto de meditación a lo largo de un tiempo establecido y con la máxima claridad mental posible. A su vez, desarrollamos la habilidad de observar como un testigo, y de percatarnos de cuándo nuestra atención se desvía hacia cualquier otro estímulo que la distrae. Justo en ese momento, el entrenamiento del mindfulness hará que nos demos cuenta de que nuestra mente se ha distraído y podamos volver a encauzarla para asentarla en el momento presente. Recuerda que algunos de los obstáculos de la meditación, vistos en la primera parte del libro, impedían precisamente el desarrollo de este aspecto, crucial para una práctica correcta.

Los objetos de atención más utilizados para el entrenamiento son:

- Los objetos sensoriales propioceptivos y exteroceptivos:
  - táctiles: respiración, temperatura.
  - auditivos: mantras, vibraciones de instrumentos (por ejemplo, el cuenco tibetano o el gong).
  - visuales: una flor o una vela.
- Los objetos mentales: visualizaciones, procesos mentales.
- La mente como objeto: la cognición.

Estos objetos nos sirven de apoyo y anclaje para entrenar la dirección y el sostén de la atención. Cuando la práctica es avanzada, y la concentración y estabilidad de la atención se consiguen fácilmente, el mindfulness puede seguir entrenándose sin apoyos.

Con el mindfulness aprendemos a observar con perspectiva nuestra mente, como si fuéramos meros espectadores objetivos. La capacidad de observación desde una cierta distancia es lo que diferencia a este tipo particular de conciencia de la conciencia ordinaria. El mindfulness nos permite observar los eventos mentales, las sensaciones físicas y cualquier experiencia que tengamos con mayor claridad, sin juicio ni resistencia. De esta manera profundizamos en el conocimiento de cómo funciona nuestra mente para adquirir claridad y lucidez.

LOS CUATRO FUNDAMENTOS DE LA ATENCIÓN

- Atención plena al cuerpo: las sensaciones, postura y movimiento.

- Atención plena a los sentimientos: cuando sostenemos la atención en el tono afectivo en el que transitamos la experiencia presente: placentero, displacentero o neutro.

- Atención plena a los eventos mentales: cuando ponemos el foco en la actividad del procesamiento mental, reparando los cambios que se suceden en los niveles de consciencia, concentración y dispersión.

- Atención plena a los objetos mentales: cuando ponemos el foco en las cosas en las que la mente está pensando, sin fusión.

Estos fundamentos nos permiten tomar perspectiva con respecto al contenido cognitivo. Vemos el pensamiento como pensamiento y la emoción como emoción, lo cual nos ayuda a dejar de aferrarnos de modo automático a nuestros hábitos mentales disfuncionales.

¿Qué procesos entrenamos?

Los procesos mentales que entrenamos con la práctica del mindfulness serían:

- Conciencia clara del mundo interno y externo.
- La autorregulación.

- Claridad de atención. Conciencia no conceptual y no discriminatoria.
- Flexibilidad en la atención y conciencia.
- Actitud empírica hacia la realidad.
- Consciencia orientada hacia el presente.
- Estabilidad y continuidad de la atención y la consciencia.
- La introspección.
- Los cuatro equilibrios: intención, atención, cognición y emoción.

Y con el entrenamiento de estos procesos mentales facilitamos:

- Aumento de la sensación de bienestar.
- Propensión a la regulación afectiva.
- Mayor consciencia y comprensión de las emociones.
- Mayor capacidad para el reajuste de estados de ánimo no placenteros.
- Respuestas al entorno conscientes.
- Asimilación de información y «dejar ir» consciente.
- Mayor equilibrio mental.

Esta meditación nos permite estar presentes en nuestra vida, sin aferramiento ni expectativas que generen frustración y sufrimiento. **Nos capacita para optar por el camino del medio, es decir, no caer en los extremos a los que nos conducen nuestras reacciones aflictivas, sino en la reflexión lúcida de la mejor integración de la experiencia, la mejor respuesta adaptativa.**

De esta manera, entrenar una mente tranquila y despierta es cultivar una mente estable y lúcida que restablezca continuamente su equilibrio. En este sentido, también es preciso entrenar la autoconciencia o atención vigilante porque es la que cuida de la mente. Es la que examina, sin conceptos, la calidad de la atención de la mente, su inclinación. Su finalidad es vigilar que no caiga en ningún extremo, sino que se establezca en un sano equilibrio. Que se mantenga estable.

Para ello entrenamos la atención sin conceptualizar, distanciándonos de la tendencia automática a interpretar y juzgar cada estímulo. Solo observamos lo que surge, cómo emerge en el presente y cómo se desvanece. Entrenamos la percatación y la introspección, el «darnos cuenta» de lo que ocurre y cómo ocurre para ser testigos del proceso de interacción con la experiencia presente.

FASES DEL ENTRENAMIENTO PARA ASENTAR LA MENTE EN LA PRÁCTICA DE LA MEDITACIÓN
1. Dirigir la atención al objeto de meditación.
2. Sostener con firmeza el objeto de meditación, pero esto no implica necesariamente esfuerzo o tensión.
3. Acompañar el equilibrio que se produce.
4. Recuperación de la atención distraída hacia el objeto.
5. Observar la armonía del instante.
6. Regresar al objeto de meditación.

Cuanto más se avanza en la práctica, cada vez se recupera y redirige la atención más rápidamente y no se olvida por completo el objeto de meditación. La resistencia al entrenamiento va disminuyendo, y van desapareciendo los obstáculos que lo interrumpen.

PARA QUÉ NOS SIRVE EN EL DÍA A DÍA

Todos deseamos vivir en equilibrio y en un presente pleno, pero la mayoría del tiempo lo pasamos rumiando, contándonos historias catastróficas o preocupándonos por cosas que ni siquiera ocurrirán. Vivimos en escenarios creados por nuestra propia mente que nos alejan de lo verdaderamente importante: nuestra vida presente, nuestro tiempo. Nos impiden elegir cómo deseamos construir nuestro día, nuestra vida. Dedicamos más tiempo a los pensamientos, a la mente discursiva, que a estar en contacto con el entorno presente, con las experiencias. Cuando esto ocurre, y los pensamientos son negativos o catastróficos, vivimos en escenarios que nos crean verdadera angustia, ansiedad, tristeza o miedo. Aflicciones que incluso resuenan en nuestro cuerpo. Somatizamos estas experiencias aflictivas y las dejamos durmiendo en el cuerpo hasta que un día estallan con síntomas graves que quieren llamar nuestra atención.

Las consecuencias de dejar la mente a la deriva, expuesta a las influencias de la divagación, de la intensa y continua estimulación, al estrés, a las altas exigencias, a la contaminación de las distorsiones cognitivas, van mucho más allá de generar un malestar. Nos restan calidad de vida, reducen nuestra disposición a elegir de qué modo afrontaremos cada una de nuestras circunstancias. La mente divaga continuamente en pensamientos y en estados aflictivos, nos produce inquietud, malestar y la sensación de estar embotados. Esto es debido a su continua actividad y hace que sea muy complicado controlarla y calmarla. Gracias al mindfulness, al entrenamiento de la atención plena, podemos trabajar para sostener el foco de la atención en la experiencia, no fusionarnos con el parloteo incesante de la mente, ni dejar que su laxitud y sopor nos abstraigan. De esta manera fortalecemos la estabilidad de la mente para que se mantenga ecuánime, clara y lúcida y pueda guiarnos al buscar las mejores respuestas adaptativas al entorno.

Restablecer el equilibrio interno

Muchas veces limitamos nuestro crecimiento porque nos imponemos exigencias y expectativas demasiado elevadas y rígidas. Perseguimos un perfeccionismo y un «debería ser» que nos alejan del contacto y la aceptación del momento presente, nos conducen a una resistencia, nos instalan en la frustración y, si nos dejamos llevar por los sesgos negativos que detonamos con ella, en la insatisfacción. Es muy difícil que el mundo responda a nuestras necesidades, es mucho mejor tomarlas en cuenta para aprender a expresarlas o buscar su satisfacción a partir de nuestras posibilidades y capacidades. En la realidad presente y no en el ideal imaginado. La rigidez de estos sesgos absolutistas nos crea cada vez más la necesidad de controlar las circunstancias que nos rodean. Es un control ilusorio que nos hace sufrir. Si no aprendemos a dejarnos ser en el momento, sino que estamos pendientes de ejercer el control, la tensión creada en nuestra mente también se reflejará en nuestro cuerpo, en nuestro entorno y en nuestra interacción relacional. Para fluir en el momento presente debemos dejar escapar el control y el miedo y sustituirlos por confianza y aceptación.

Para restablecer nuestro equilibrio interior es imprescindible aprender a mantener un buen contacto con el entorno. Para ello, con la práctica del mindfulness aprendemos a regular nuestras emociones, dejar ir todos los juicios, sesgos e impulsos que surgen de los patrones condicionados del pasado y regresar a la experiencia del momento presente para habitarla plenamente.

Porque en el día a día atravesamos muchas circunstancias que detonan una emoción y nos desregulan. Si no aprendemos a compensar la emoción, la aflicción crecerá demasiado, expandiéndose a nuestros pensamientos, creando sesgos interpretativos y haciendo crecer nuestros patrones disfuncionales. Una forma de responder ante el entorno que puede perpetuar nuestro sufrimiento y hacernos caer siempre en los mismos errores.

Vivir con la mente en equilibrio nos permite restablecer el contacto genuino con nosotros, conectarnos a nuestros recursos y nuestra potencialidad de crecimiento, mediante la confianza y la entrega a las circunstancias y no tanto mediante la imposición de una mente sesgada e imperativa. Nuestra estima y satisfacción vital aumenta porque con la aceptación recuperamos el poder de transformar nuestro presente. De ajustarnos convenientemente y salir fortalecidos.

Favorecemos la mente experiencial, el «modo ser», frente a la mente discursiva o el «modo hacer». Rompemos con los patrones automáticos y disminuimos la reactividad, aumentamos la reflexión y el poder integrativo de las experiencias. Recuperamos la capacidad de respuesta sobre cómo queremos vivir, cómo deseamos afrontar y responder ante cada una de las circunstancias que atravesamos. Nos permite transformar la realidad a través de un contacto saludable y funcional con ella. Sin evitaciones, sin distracciones, sin anestesias o resistencias. Con lo que hay, buscamos la mejor respuesta. Nos responsabilizamos de construir nuestra vida. Más allá de la queja, optamos por transformar cada instante en su mejor versión.

La regulación emocional ofrece establecerse en un estado de equilibrio que nos permite operar con una mayor perspectiva, no ser tan reactivos ni dejarnos devorar por las aflicciones. Nos permite no magnificar las emociones hasta llevarlas a un extremo disfuncional que distorsione nuestra forma de percibir e interpretar las situaciones. Instalados en un estado de regulación, nuestra capacidad atencional nos permite maximizar la oportunidad del presente. Porque tomando como referencia esta realidad podemos realizar el ajuste dinámico interrelacional para sacar nuestra mejor versión, nuestra mejor respuesta, nuestro mejor criterio. Así conseguimos filtrar y eliminar muchas decisiones, pensamientos y acciones que nos producen daño y sufrimiento.

Que tu mente discursiva no devore a la experiencial

¿Te ha pasado alguna vez que, queriendo prestar atención a una conversación, una película o un libro, tu mente divagara tanto en pensamientos o abstracciones que no te enteraras de nada? Nuestra mente discursiva muchas veces nos aparta del contacto con el presente. Enturbia nuestra atención y nos desconecta de todos nuestros sentidos. Parece que no escuchamos, no sentimos o no percibimos siquiera los sabores de lo que comemos. Empiezas a deambular con el piloto automático activado, haciendo como que tu vida sigue cuando en realidad sigue sin ti. Sin tu presencia, los días se convierten simplemente en una sucesión de actividades, tareas o tiempos que cumplir. Te embarga una sensación que te insensibiliza, te abstrae y te aparta de tu vida.

Para recuperar la satisfacción, para poder equilibrar nuestros estados afectivos positivos y redirigir nuestras acciones hacia el bienestar, necesitamos prestar atención al momento presente. El mindfulness desarrolla la habilidad de la atención para compensar la fuerza e inercia de nuestros hábitos condicionados del pasado que nos arrastran a una vida «automática». Incluso en el entrenamiento, la fuerza de la mente discursiva puede sacarte de la experiencia. Queriendo meditar, de repente te das cuenta de que has estado planificando la agenda de mañana y repasando las tareas pendientes o has estado enganchado a la conversación que esa misma tarde mantuviste con un compañero de trabajo. Sin control, sin elección, la mente carente de atención te conduce a un camino azaroso de pensamientos. Y ten presente que, muy probablemente, estos estarán cargados de aflicción, hecho que te atrapará de nuevo en un sesgo negativo y disfuncional.

En la práctica de mindfulness, atender al flujo de tu respiración y a las sensaciones corporales o sostener tu atención en la tarea que estás realizando te ayudará a cortar esta mente discursiva para regresar a la experiencia. Entrenas para lograr una atención fluida y sostenida, que genere sensación de ligereza, calma mental y regulación gracias a la estabilidad mental desarrollada.

La habilidad introspectiva es la que permitirá que te percates de las distracciones para que regreses, sin esfuerzo, al objeto de atención deseado. La introspección nos ayuda a desarrollar una adecuada metacognición, así como la perspectiva de un observador externo al contemplar nuestros pensamientos y emociones, para que podamos identificarlos y percibirlos y adquirir una comprensión clara de lo que sucede en nuestro mundo interior. Gracias a la habilidad introspectiva somos capaces de restablecer el contacto con nosotros mismos para darnos cuenta de las señales de tensión, de estrés y de malestar, y repararlas, regularnos en un adecuado ajuste funcional. Con ella monitorizamos nuestra atención para sostenerla sobre el objeto elegido. Y a través de ella desarrollamos una mente en calma, estable y clara, consiguiendo nitidez en la atención y la concentración y desplegando estados de relajación física y mental. Esto nos permite no pasar del estrés saludable al estrés tóxico, no pasar a vivir en modo automático, no pasar de la planificación a una rumiación o preocupación constante. Nos permite que nuestra mente discursiva no devore a la experiencial.

Guiar tu vida en la dirección elegida

Imagínate que coges una barca y, sin remar, dejas que el mar te lleve a donde te tenga que llevar, a donde las mareas decidan. Quizá llegues a lugares que no te gusten, que no le encuentres sentido al rumbo que llevas, y es que realmente no lo has elegido tú. Entrenar la mente requiere agarrar los remos, determinar el rumbo, la dirección, y discernir el camino en el que deseas invertir tu tiempo. Esto precisa una mayor disciplina, pero trae, sin duda, mejores resultados. Ignoras igualmente dónde llegarás, el camino es largo y los obstáculos se suceden, pero sabes a cada instante por qué remas, por qué vives, y puedes recordar la dirección a la que regresar cuando las tormentas te alejan de tu rumbo. **Hoy eres el resultado de tus acciones pasadas, de tu trayectoria, de las historias vividas y narradas por ti, así que hoy puedes empezar a determinar cómo quieres que sea tu yo del futuro.** Elegir tu camino, la dirección que deseas tomar, y remar a cada instante.

El mindfulness te ayuda a estar en contacto con el aquí y ahora, de forma regulada, serena, consciente y clara. Aumenta cada vez más tu comprensión y discernimiento, para que cuando tu mente vuelva a estar secuestrada por tus pensamientos, sombras o aflicciones, puedas decidir voluntariamente qué hacer con ellas, observarlas, tratarlas, analizarlas, salir de ellas o dejarlas pasar. Se trata de elegir. Se trata de que tu mente no navegue sin un remador, sin una dirección y sin una intención. No controlarás el mar ni sus obstáculos, así que ocúpate únicamente de lo que quieres hacer en cada instante y de cómo quieres ajustarte a él. Solo siendo consciente, estando atento al instante actual, recuperas la capacidad de construir tu presente, tus relaciones, tus hábitos, tu vida.

¿Qué acciones quieres hacer en el presente para que te conduzcan al «yo futuro» que quieres llegar a ser?

Cultivar el equilibrio mental y la regulación emocional

Muchas veces, cuando nos encontramos ante una situación difícil o de conflicto, respondemos de una forma reactiva. Tomamos la primera salida que nuestro impulso nos indica para poder escapar de ella cuanto antes, y una vez la hemos dejado atrás, nos arrepentimos de nuestra respuesta.

¿Verdad que después de una discusión acalorada, la respuesta que hubieras querido dar llega a tu mente al regresar a casa o al sentir que «ha pasado todo»? Cuando discutimos y estamos desregulados no podemos pedirnos responder bien, puesto que nuestro sistema no permite un ajuste funcional. Hasta que no llegamos a casa, hasta que no escampa la tormenta no nos vienen a la mente los argumentos justos y asertivos que nos hubiese gustado exponer.

Esto ocurre porque el córtex prefrontal del cerebro está inhibido por las señales de amenaza percibida en el entorno. Si ante la amenaza no consigues regular el estrés, no podrás analizar, reflexionar y actuar en armonía con tu necesidad genuina de expresión. **Tu necesidad queda velada por el desequilibrio.** Por esta razón, cuando en casa te tranquilizas, tu cerebro sí puede realizar esas acciones, hasta entonces paralizadas por el miedo.

Cuántas veces hemos lamentado habernos enfadado, haber dicho algo inapropiado, habernos callado en una discusión o no haber tomado una decisión diferente a la que tomamos. Gracias al mindfulness disminuimos la reactividad a favor de la regulación del sistema de estrés. Aumentamos las conexiones del córtex prefrontal para elegir la respuesta adecuada en el momento que deseamos. No podemos exigirnos realizar un ajuste funcional con el entorno cuando estamos en desequilibrio. Si entramos en un círculo vicioso de reacciones emocionales intensas y tóxicas que se retroalimentan entre ellas y de pensamientos sesgados y negativos, nos precipitamos en caída libre hacia asociaciones muy peligrosas porque no tenemos las manos al volante. Entonces puede pasar cualquier cosa. Que logremos calma y lucidez depende principalmente de nuestro equilibrio emocional y lo habilidosos que seamos al entrenar nuestra atención. No somos perfectos, así que solo nos queda estar presentes para ir haciendo los ajustes precisos para rectificar errores y mejorar nuestra adaptación en el entorno.

Cuando surge la ira, esta puede apoderarse de nosotros haciéndonos perder el juicio y el discernimiento. Rápidamente, en cuestión de segundos, podemos pasar a la agresión e incluso a la violencia. Si no tenemos herramientas con las que regular la irritación inicial, esta seguirá creciendo hasta convertirse en odio, rencor o violencia. Es una mecha que prende rápido, pero la atención y la autoconciencia nos permiten vigilar que no arda hasta el final.

Rara vez tenemos la presencia y la flexibilidad necesarias para ajustar nuestro pronóstico a la realidad, y la diferencia entre lo que deseamos y lo que ocurre crea una desilusión, una frustración. Sin embargo, hemos de admitir que la realidad va mucho más allá de lo que nosotros deseamos o imaginamos. No aceptarla origina un estado de irritación constante que nos mantiene en guerra con el mundo porque «no es como debería ser». Solo el equilibrio nos ayuda a establecer nuestra mente en la calma y la lucidez para optar por el mejor ajuste, la mejor respuesta funcional. Por eso aceptar no es resignarse, sino trabajar para realizar conscientemente elecciones más acertadas desde el presente, con una adaptación que nos permita satisfacer nuestra necesidad. Cuando restablecemos el equilibrio, la regulación de nuestro sistema nos lleva a recuperar la perspectiva.

Con la mente en equilibrio podemos restaurar la regulación para aumentar nuestra tolerancia, para no percibir el ataque como directo y personal, sino relativizarlo según el contexto del que lo lanza. Algunas veces, las personas que han sido dañadas se defienden criticando, otras adoptan el papel de víctimas, y otras atacan o se muestran autoritarias. En definitiva, puede que el comentario hable más del otro que de ti. Tú solo opta por elegir la mejor respuesta, la más saludable para ti y para el otro. A medida que desarrollamos el pilar del equilibrio aumenta nuestra lucidez.

Entrenamiento: meditaciones guiadas

A continuación te presento tres meditaciones guiadas básicas para este entrenamiento. Pruébalas y escoge aquella que te parezca que puedes entrenar mejor, profundiza en la práctica, sostenla y entonces, si quieres, amplíala o cámbiala.

Si practicas mindfulness de manera formal una vez al día durante 21 minutos y sientes que en este tiempo tu atención y tu concentración se sostienen con claridad, podrás realizar esta práctica como preámbulo de las siguientes, las generativas y analíticas, para obtener resultados más satisfactorios con estas. Puedes servirte de ella durante los 3 o 5 minutos previos a la meditación que vayas a practicar y así mejorar exponencialmente tu práctica gracias a la estabilidad mental, la relajación y la calma de tu cuerpo físico y mental.

MEDITACIÓN 1: ATENCIÓN A LA RESPIRACIÓN

- *Colócate en tu postura habitual de meditación; puedes elegir aquella que te sea más cómoda y adecuada para este momento. Si lo necesitas, consulta todas las variantes y la forma correcta de habitarlas en el capítulo 2.*

- *Cierra los ojos y mantenlos cerrados con suavidad, o dirígelos hacia el frente, sin esfuerzo, con la mirada un poco orientada hacia la punta de la nariz.*

- *Permite que tu cuerpo adopte la postura de meditación, de forma erguida y a la vez relajada.*

- *A continuación presta atención al suave fluir de tu respiración natural. No la modifiques, ahora solo se trata de ser un observador amable.*

- *Céntrate en el aspecto táctil de la respiración en tu cuerpo.*

- *Confórmate con habitar este instante.*

- *Si tu mente se dispersa o se distrae con algún pensamiento, deja que este se disuelva con la exhalación. Sin más. No le prestes ninguna atención, simplemente percátate de que esto ha sucedido y dirige de nuevo la atención a la respiración.*

- *Ahora concéntrate en la respiración justo fuera de la nariz.*

- *Para anclar la atención, puedes contar en silencio cada respiración al terminar de inspirar. Y cada vez que completes un ciclo de 10 o 21 respiraciones, haz una breve pausa y empieza a contar de nuevo.*

- *Para finalizar, abre suavemente los ojos, muévete de forma consciente y atenta.*

Te invito a seguir en este estado de calma y conciencia todo el tiempo que puedas y a extenderlo a las actividades del día.

Meditación 1 avanzada. Para continuar entrenando te propongo que, cuando te familiarices con este ejercicio, quizá después de unas cuantas semanas de práctica, aumentes tu cuenta hasta 20 o 30 ciclos de respiración y la repitas.

Y cuando te acostumbres a contar en series y ya no cometas errores, trata de contar en ambas direcciones: empieza contando hacia delante, del 1 al 10, y después hacia atrás, del 10 al 1.

Para que la lleves a tu día a día. Te invito a recordar y realizar este ejercicio a lo largo del día. Cada vez que notes que tu cabeza se embota, que se disparan las preocupaciones o que la mente parlante inicia un ciclo de discursos para, respira y presta atención a tu respiración. Sin juicio, de forma amable. Sírvete del conteo para anclar la atención y conseguir una mayor estabilidad atencional.

Cuando consigas realizar 2 o 3 ciclos de respiraciones sin distraerte, puedes abandonar la herramienta de apoyo del conteo. Te recomiendo que no lo hagas antes, puesto que te resultará más difícil. Sé que al principio cuesta, pero confía en el entrenamiento.

MEDITACIÓN 2: RESPIRACIÓN EN EL ABDOMEN

Continuamos con el proceso de entrenar la atención para producir calma, estabilidad, lucidez y claridad.

- *Adopta una postura de meditación, recuerda que debe ser una postura erguida pero confortable.*

- *Cierra los ojos y mantenlos cerrados con suavidad, o dirígelos hacia el frente, sin esfuerzo, con la mirada un poco orientada hacia la punta de tu nariz.*

- *Haz tres respiraciones profundas y lentas moviendo el diafragma.*

- *Relaja la mente soltando toda ideación, recuerdo y expectativa. Y cada vez que espires suelta todo el aire, vaciando por completo los pulmones.*

- *Dedica un tiempo a asentar la mente en el aspecto táctil del cuerpo.*

- *Céntrate en el peso del cuerpo y su contacto con el asiento y el suelo.*

- *Enfócate en la piel y su temperatura.*

- *Ahora devuelve la atención al ritmo natural de tu respiración. Céntrate, esta vez, en sentirla justo debajo del ombligo, como si llenaras el torso de abajo hacia arriba con la inspiración.*

- *Respira profundamente de esa manera y siente cómo tu abdomen se eleva cada vez que el aire entra.*

- *Relaja por unos instantes el cuerpo con respiraciones abdominales, profundas y lentas.*

- *Cuando espires saca el aire a un ritmo lento y mesurado.*

- *Inspira despacio, profundamente y con atención.*

- *Luego retén la respiración dos o tres segundos y deja salir el aire con otra espiración prolongada y mesurada.*

- *Cuenta en silencio las espiraciones, con un breve descanso después de cada ciclo de 10 espiraciones.*

- *Concluye la práctica con tres respiraciones abdominales profundas y lentas.*

Te invito a seguir en este estado de calma y conciencia todo el tiempo que puedas y a extenderlo a las actividades del día. Este es un ejercicio fácil de practicar y muy valioso para erradicar estados de ansiedad, estrés y parloteo mental. Solo con este entrenamiento puedes llegar a experimentar estados muy profundos de conciencia.

Meditación 2 avanzada. Y como reto para cuando tu práctica siga avanzando, puedes prescindir de apoyarte en el conteo de la respiración y mantener la atención tomando conciencia de la sensación de la respiración en el abdomen, bajo el ombligo. Es un reto más desafiante porque, para mantener la atención, no le estamos dando nada que hacer a la mente, solo le pedimos estar ahí, permanecer, sostenerse. Y ante este «silencio», la mente suele rebelarse. Confía en el entrenamiento, suelta la expectativa y poco a poco tu atención se estabilizará y la mente se asentará en su estado natural.

MEDITACIÓN 3: ATENCIÓN A LAS SENSACIONES CORPORALES

- *Adopta una postura de meditación, esta vez, si puedes, opta por tumbarte boca arriba.*

- *Cierra los ojos y mantenlos cerrados con suavidad.*

- *Haz tres respiraciones profundas y lentas moviendo el diafragma.*

- *Relaja la mente soltando toda ideación, recuerdo y expectativa. Y cada vez que espires suelta todo el aire.*

- *Dedica un tiempo a llevar tu atención al aspecto táctil de todo el cuerpo.*

- *Céntrate en las sensaciones de frío o calor.*

- *Percibe cómo son, cómo cambian momento a momento, a qué área de tu cuerpo afectan.*

- *Céntrate en el peso del cuerpo y su contacto con el suelo.*

- *Trata de observar solo la sensación, más allá de las etiquetas mentales, los juicios, las valoraciones.*

- *Observa detenidamente, con curiosidad.*

- *Céntrate en las sensaciones de humedad o sequedad en el cuerpo. Las puedes encontrar en ojos, nariz, boca, garganta, o también en la sudoración de la piel.*

- *Nota cómo son, cómo se comportan, ignora cualquier etiqueta que surja en tu mente.*

- *Observa la sensación tal y como se presenta en tu cuerpo.*

- *Por último, nota la sensación de aire o brisa en tu piel. La puedes percibir en la nariz al respirar, en los brazos o en la cara.*

- *Sé consciente de cómo vienen y cómo se desvanecen y cambian las sensaciones. Nota cómo pasan, deja que solo estén en el cuerpo.*

Te invito a seguir en este estado de calma y conciencia todo el tiempo que puedas y a extenderlo a las actividades del día.

Meditación 3 avanzada. Y como reto para seguir avanzando en el entrenamiento de una atención con equilibrio, percátate de cómo tu mente quiere aferrarse y prolongar las sensaciones placenteras, y cómo quiere rechazar o eliminar de su foco de atención las desagradables o que te causan dolor. Aprender a soltar las etiquetas y permanecer solo atendiendo a la sensación física, y a su movimiento cambiante, te permite no añadir aflicción a las sensaciones corporales. Aprende a detectarlas, sin juicio, para ser, poco a poco, menos reactivo. Aprende a detectar las necesidades físicas y emocionales que se despiertan en el cuerpo con la lucidez de una mente en calma que te permita tener la perspectiva reflexiva y adaptativa adecuada al entorno.

8

La meditación generativa: el poder del amor y la compasión

Y sentí la caricia. Observé la luz. Me estremecí
con su sonrisa. Crecí con su apoyo y construí la
vida. Me dejó el amor como regalo, la compasión
como fuerza. Y el altruismo como bandera.

Las prácticas de meditación en el amor y la compasión fomentan estados virtuosos y resilientes en nuestra mente. Estas prácticas tienen un gran potencial transformador puesto que entrenan cualidades que protegen nuestra mente de las aflicciones más tóxicas y peligrosas para nuestro bienestar, tales como el odio, la ira y el enfado. Generan el impulso y la motivación de aliviar el sufrimiento, por lo que se ocupan de sembrar las causas y condiciones necesarias para crear felicidad genuina. Estas prácticas nos preparan para afrontar y sostener, a través del amor, situaciones difíciles y personas complicadas, extendiendo la compasión más allá de nuestro círculo más próximo y de confianza. El entrenamiento abarca de forma gradual desde las personas más queridas hasta las personas más conflictivas con las que nos encontramos. Es el entrenamiento que cambiará la relación contigo mismo y con los demás, dirigiendo tu interrelación y tu mundo interno hacia un lugar seguro.

«Decidí detener mi sufrimiento, mi crítica constante».
Cuando la conocí, Carla vivía atrapada en una continua rumiación llena de pensamientos negativos, críticas, exigencias
tóxicas y anticipaciones catastróficas sobre su futuro. «¡Mira
que soy idiota, siempre me pasa lo mismo! Debería haberme
callado para no estropear más las cosas. ¡Soy una bocazas
que merece estar sola! ¡Torpe, que eres una torpe! Y como
no aprendas a ser la mejor, al final te pisarán, te quedarás sin
trabajo». Carla, al llegar a casa y ponerse frente a sí misma,
no paraba de tratarse mal en su mundo interno. Cuestionaba
su valía. No cultivaba internamente el amor necesario para
atravesar las dificultades diarias. En vez de regularse ante los
problemas, Carla se impulsaba castigándose y escuchando
voces que la motivaban haciéndole daño. En vez de ofrecerse
confianza, se atemorizaba. En vez de serenarse, vivía en la
ansiedad y la inquietud. Estos estados, lejos de tranquilizarla
y ser resolutivos, la instalaban en un mundo interno voraz,
tenebroso, inquietante y lleno de desconfianza. Destructivo.
Sin darse cuenta, ella misma socavaba cualquier intento de
ser feliz, de vivir con bienestar. Estas distorsiones y voces
internas iban angustiándola más y más, aumentaban su temor y su exigencia.

Por lo general, no reparamos en la forma en la que nos
hablamos internamente; más allá de las cosas que nos decimos, usamos un tono severo y duro que no nos ofrece ninguna confianza, sino que nos genera mayor inquietud e inseguridad. Y así, queriendo que las cosas nos vayan bien y estar
libres de sufrimiento, nos enredamos tanto en los pensa-

mientos negativos y las aflicciones que perdemos la perspectiva constructiva, funcional y adaptativa. Esa que nos permite afrontar la dificultad basándonos en la amabilidad y la compasión. En lugar de desarrollar la confianza interna suficiente para alentarnos en la dificultad y seguir creciendo, construimos hábitos disfuncionales orquestados por los directores más severos y faltos de perspectiva: el ego y el egocentrismo. Hábitos que viajarán con nosotros sin darnos tregua, haciéndonos caer una y otra vez en las mismas equivocaciones.

Mediante este entrenamiento de la compasión podemos realizar un ajuste funcional y regulado ante las situaciones que causan sufrimiento. Crear en nuestro interior un lugar seguro, un espacio mental sostenido por el pilar del amor bondadoso. Y es ahí donde todo puede empezar de nuevo, donde podemos regresar al equilibrio y la ecuanimidad para crear una mejor respuesta. En nuestra mente, en nuestro corazón.

Y esta inspiración para la transformación muchas veces llega desde los lugares más inesperados. Una situación que te impacta y hace que te replantees cómo estás viviendo, una persona a la que admiras y te inspira. Por ejemplo, a Carla le sucedió con Pepe, un hombre de setenta y ocho años al que conoció en el parque por el que ella solía pasear cada día. A Carla, enfurruñada en mil pensamientos y preocupaciones que empezaban desde que se levantaba, la impresionó conocer su bondad, su amabilidad, sus buenas intenciones y su generosidad. La sonrisa de Pepe chocaba de frente con su ceño fruncido y su mal humor. Le fascinó, y hubo algo que la atrapó, y es que en aquel hombre veía, igual que en un espejo, cómo ella quería sentirse y un reflejo de la infelicidad con la que estaba llenando su vida. Este fue el momento en el que decidió iniciar su entrenamiento. Quería ser feliz y aprender a aliviar su sufrimiento sin ser tan crítica y voraz consigo misma. **En su vida no habían ocurrido grandes tragedias, y sin embargo se contaba mil desdichas cada día.** Se preparaba para catástrofes venideras y se castigaba por no llegar al ideal que solo ella se planteaba. Hacía tiempo que no disfrutaba, que no se sentía libre, relajada. La felicidad era una ilusión para ella, e incluso le irritaba que los demás fueran felices. Quería cambiar su vida, y, para ello, nos pusimos a entrenar su mente.

EL PODER DEL AMOR BONDADOSO Y LA COMPASIÓN

El amor, en este contexto, es el deseo y la aspiración genuina de que todos los seres estén bien, que todos puedan ser felices y tengan las causas y condiciones que generan la felicidad. El amor es una de las cualidades más protectoras para nuestra mente. Es el mayor antídoto contra las aflicciones porque nos conecta directamente con nuestra fuente de felicidad innata. Una felicidad sostenible, no perecedera, y que cada vez que se comparte crece más. Estando conectados a ella queda muy poco espacio para la aflicción, y esta decae rápidamente. Y no es que desaparezcan las aflicciones o pensamientos negativos, que se nos presentan de igual forma, sino que nuestra manera de relacionarnos con ellos cambia por completo. Ya no los rumiamos, no los dejamos crecer como un veneno en nuestra mente, pues al percatarnos de ellos los dejamos ir para centrar la mente en la virtud. De esta manera crecen en nuestro interior estados de afecto positivo que nos regulan. Podemos escuchar el mensaje de las emociones, defendernos de los conflictos y ponerles límites sin que la aflicción nos devore, sin que generemos más daño en el mundo, y para ello necesitamos comprensión y amor. **El amor es el antídoto que nos confiere confianza y seguridad porque tiene un gran potencial para transformar y detener el continuo mental tóxico.** Sostener estados de afecto positivo y de amor y compasión en nuestra mente crea un gran beneficio para nuestro sistema y nuestro cerebro. Sin embargo, se les dedica mucha más atención a los estados aflictivos, los pensamientos negativos y los acontecimientos y noticias pesimistas o de peligro. Aprender a compensar estados, regularlos y equilibrar nuestro sistema es imprescindible para nuestra salud mental.

¿Verdad que cuando demuestras amor experimentas una sensación de bienestar tanto interno como externo que parece engrandecer el mismo acto de amor? Las virtudes y las aflicciones tienen este poder: cada vez que se contemplan y se comparten aumentan, crecen. La diferencia está en lo que generan las primeras y lo que generan las segundas. «Durante mucho tiempo elegí vivir en la rigidez absolutista de mis pensamientos, les di demasiado protagonismo y tiempo en mi vida. Convirtieron mi mente en un lugar gris, mi vida estaba llena de insatisfacción. Hasta que, gracias a la inspiración de Pepe, decidí apostar por la virtud. La entrené para dejar de alimentar a los monstruos».

Decidir no alimentar a los monstruos

La práctica del amor bondadoso y la compasión fortalecen los patrones psicológicos que fomentan el bienestar. Estos patrones mejoran nuestras relaciones y nos orientan hacia los demás y hacia nosotros mismos. No nos dejan indiferentes. Carla acudió a psicoterapia para «poner a raya a sus monstruos», y, convencida, me dijo: «Quiero vivir como Pepe. No puedo permitirme vivir amargada». Se describió a sí misma llena de defectos y explicó su vida marcada por los sesgos e interpretaciones negativas. Cansada de hablarse así, tomó la decisión de mirar adentro para sanarse, no para cambiar el mundo y criticarse. Decidió dejar de alimentar a sus monstruos... y nos pusimos a practicar.

Cuando nuestro mundo interno o externo está lleno de hostilidad o amenaza, se nos activa el sistema del estrés. Necesitamos un entorno seguro para seguir creciendo y explorando el mundo. Los vínculos afectivos seguros son imprescindibles para nuestro desarrollo, cumplen una función primordial en la evolución de nuestro cerebro y en nuestra habilidad de comunicación y cooperación. Nos proporcionan protección y tranquilidad e impulsan nuestra capacidad de continuar explorando el mundo, continuar creciendo. Cuando somos pequeños, esta función la cumplen nuestras figuras de apego. Nuestros padres y cuidadores principales son los que nos transfieren esta seguridad externa que poco a poco vamos integrando en nuestro sistema interno de regulación del estrés. **Con las relaciones de apego seguro, sentimos que nuestro mundo interior es visto y reconocido y que nuestras necesidades esenciales son atendidas.** Las personas con quienes tenemos estas relaciones nos hacen sentir a salvo; sabemos que ellas no nos causarían ningún daño y que, además, harían todo lo posible para protegernos. Nos tranquilizan y nos proporcionan el consuelo que necesitamos cuando estamos dolidos, consiguen que con una mirada o un abrazo nos encontremos mejor. Tienen el poder de hacernos sentir más seguros.

Al crecer, este modelo de apego se va internalizando como un estado mental que nos aporta seguridad en el ámbito de nuestras relaciones y en nuestro mundo interior. Gracias a ello también nos convertimos en figuras de apego seguro para otros. Nos sentimos bien porque somos capaces de regular nuestros estados disfuncionales para ser un «refugio seguro» tanto para nosotros como para los demás, en nuestras relaciones vinculares. Por el contrario, la forma exigente y autoritaria de Carla no le proporcionaba un lugar seguro dentro de sí misma que le permitiera regularse, sino que se convertía en su peor enemiga. Perpetuaba su sistema de estrés y amenaza. Había construido un lugar hostil dentro de ella, una habitación llena de monstruos a los que no dejaba de alimentar. No percibía su necesidad ni sus sentimientos de aflicción, por lo que no se atendía ni se proporcionaba el alivio que precisaba. Sin embargo, gracias a Pepe pudo darse cuenta de la importancia del alivio, de la regulación. El vínculo de seguridad que Pepe le ofreció le sirvió de espejo para comprender que hacía tiempo que ella ya no era un refugio seguro para ella misma y que quería volver a serlo.

El apego seguro tiene una función integradora que regula las funciones corporales, restablece el equilibrio emocional, flexibiliza el mapa de la mente, los esquemas, calma

los miedos, facilita la visión empática de uno mismo y los demás y nos permite sintonizar entre nosotros. No todo el mundo desarrolla un apego seguro en la infancia, pero se puede adquirir y desarrollar a través del crecimiento a cualquier edad. Pepe le brindó a Carla la oportunidad de descubrir que se podía vivir en un mundo interno mucho más en calma, más sereno, con el amor suficiente para alentarse y no autocastigarse.

Las prácticas de amor y compasión nos ayudan a cultivar en nosotros este sistema de regulación emocional seguro. Funcionan como una estrategia clave para la restauración del equilibrio y la integración del cerebro. Nos permiten ser capaces de modular nuestros pensamientos, emociones y conductas y encaminarlos hacia el crecimiento, de forma segura y cuidadosa, y mejorar nuestras capacidades de relación y de contacto con nuestras necesidades. Nos permiten estar lo suficientemente presentes para nosotros y los demás, sin críticas, desde la aceptación e integración amable de nuestras experiencias. Gracias a ellas fomentamos la actitud de estar atentos, curiosos y abiertos a las experiencias internas sin juicios, explorando nuestra necesidad y el deseo de satisfacerla, de regularnos. Con el amor bondadoso desarrollamos la aspiración genuina de estar bien, de conducirnos hacia el bienestar y de ser figuras seguras y bondadosas también para los demás. Construimos un entorno seguro en el que el anhelo de estar satisfecho, ser feliz y tener seguridad se torna imprescindible. Se promueve el apoyo y la cooperación frente a la adversidad o el miedo.

Carla empezó a practicar para destruir sus viejos hábitos disfuncionales, los que seguían alimentando a sus monstruos y perpetuando su sufrimiento. Empezó a entrenar de forma eficaz la autorregulación emocional mediante la creación de estados afectivos positivos que la favorecieran. Necesitaba adquirir la habilidad integradora de retener en la conciencia todo lo que estaba experimentando, tomar «el camino del medio» para que sus voces y conductas no fueran tan extremas.

Porque muchas veces nos hace falta una nueva perspectiva que nos permita restablecer el equilibrio y salir del ciclo disfuncional. Sin retraernos, bloquearnos ni dejarnos arrastrar por la confusión o agitación mental, sino alentados por la genuina motivación de querer ser felices, estar bien y sentir que somos un lugar seguro para nosotros y nuestro entorno. Y para ello debemos ser conscientes de nuestra responsabilidad. ¿Cómo vas a construir tus días? ¿Qué cualidad de tu mente decides entrenar? ¿Cuánto tiempo entretienes tu mente en discursos o estados afectivos negativos en vez de dedicarla a los positivos? Si te detienes a plantearte estas cuestiones quizá puedas observar la importancia de la atención, de observar y darte cuenta de qué haces y cómo lo haces para poder reconducir tus acciones hacia respuestas adaptativas y armónicas con tu intención genuina. Porque siempre que no lo hagas, siempre que no decidas conscientemente hacerlo, lo harán por ti tus patrones condicionados del pasado. Un modo automático de actuar que es muy probable que te conduzca a respuestas insatisfactorias, desajustadas respecto al momento presente.

Las prácticas de amor bondadoso y compasión nos permiten fomentar, mediante la sabiduría interna, los patrones que generan bienestar. Nos permiten darnos cuenta de cuánto tiempo y energía vital invertimos en recreaciones temerosas, ansiosas o angustiantes, incluso sobre situaciones que no han llegado a producirse y que, lo más seguro, no lleguemos a conocer jamás. Nos permiten corregir nuestro estado, nivelarlo, tomar el camino del medio en el que restauramos el equilibrio y nos sostenemos con amor. Cuando nuestra mente crea escenas, nuestro cuerpo y nuestro mundo emocional las reflejan. Reaccionan a ellas. Influimos continuamente en lo que despertamos y mantenemos en nuestro mundo interno, las voces que cultivamos y los estados emocionales que favorecemos. En la decisión de qué lugares visitamos y en qué lugares deseamos pasar el tiempo. Todo está en la mente, vivimos dentro de su reflejo, y nuestro cuerpo y nuestras conductas resonarán con el escenario creado. Es importante cuidar de la claridad y serenidad para depositar el foco en lo realmente importante, constructivo y resiliente. Es importante entrenar la mente para que todo su poder no se vuelva en nuestra contra. **El amor y la compasión cultivan estados virtuosos que impulsan nuestro sistema de apego seguro, nuestros estados afectivos positivos y nuestra intención para alinear nuestra conducta y pensamiento con ellos.** Generan el impulso hacia el cuidado y la protección de nuestro bienestar y el de los demás, aliviando el sufrimiento y atendiendo la dificultad para una resolución saludable, tendente al crecimiento y desarrollo interior. Porque cuando nos encontramos en lugares seguros crecemos, seguimos desarrollándonos, siguiendo el impulso interno de vida y amor. Seguimos explorando el mundo y atravesando dificultades sintiéndonos capaces, reforzados por nuestra autoconfianza y valía personal. Recuperamos el contacto con nuestros recursos. Por eso necesitamos vincularnos de forma segura con nuestras relaciones y crear en nuestra mente el refugio seguro que nos regule ante la amenaza o el estrés.

La mente como un refugio seguro. Desintoxicarnos de voces críticas

Cuidar de nuestras voces internas es una forma de proteger nuestra salud mental. Pero, además, si estamos atentos a ellas descubriremos que, igual que le pasaba a Carla, no es tan importante lo que nos decimos como el modo en que nos lo decimos. Nuestro tono duro, severo y castigador desencadena una desregulación emocional y una falta de aprecio y consideración por nosotros mismos. Endurecemos nuestro corazón y nos enfriamos debido al trato agresivo, y a veces violento, que nos damos a nosotros mismos. Y esto, lejos de ser un lugar seguro para nosotros, nos crea inestabilidad, frustración, ira, tristeza. Cuando damos validez a nuestro contenido mental distorsionado y negativo, este nos conduce a un estado emocional aflictivo, cultiva una baja estima y nos genera un mayor sufrimiento. Sin embargo, a veces pensamos que con este autocastigo nos estamos tranquilizando o que lo tenemos bien merecido.

Generalmente, estas voces internas reproducen mensajes que escuchábamos cuando éramos pequeños, cuando nuestros padres o adultos de referencia criticaban determinadas conductas o formas de ser, y nuestra mente de niño no podía cuestionar ni relativizar los reproches, ni ver que esos mensajes probablemente hablaban más de ellos que de nosotros.

Interiorizamos estos mensajes, que cuando crecemos quedan fundidos en nuestra forma de relacionarnos con nosotros mismos y los demás. Así, por ejemplo, si has sido comparado constantemente o reforzado positivamente para ganar, puede que tus voces internas te alienten y motiven para conseguir resultados y te impongan la exigencia de ganar, te dediquen críticas competitivas o te pidan que busques la constante perfección. Y esta búsqueda te aleja de la apreciación de tu valía intrínseca, del disfrute del proceso, de la persistencia o la paciencia, de una motivación amable, alentadora y confiable. Recuperar la capacidad de elegir cómo queremos tratarnos y cómo queremos relacionarnos es imprescindible para sembrar virtud. Necesitamos ser conscientes para detener el continuo aflictivo y los patrones disfuncionales que nos llevan a conductas cada vez más torpes y alejadas de nuestro bienestar, y reconducirnos hacia estados mentales más funcionales y virtuosos. Y de eso nos ocupamos en estas prácticas, de generar en nuestra mente un lugar seguro en el que seguir creciendo. En el que seguir conectados a la virtud. Tenemos el potencial de crear estados mentales en los que nos ofrezcamos un trato restaurador, de crear una forma de pensar y actuar que nos brinde calma, regulación y equilibrio para sentirnos conectados a nuestras fortalezas ante la adversidad. Sin castigo ni hostilidad, con la fuerza que otorga el coraje compasivo.

Es preciso recuperar el poder y la guía de la mente para alinear los sistemas internos y externos hacia el bienestar. Y una buena fórmula para entrenar dicha armonía es detenernos cada noche para recuperar ese mensaje, escena o recuerdo que nos deja un residuo de afecto positivo, saborearlo, disfrutarlo y dejar que permee en nuestro estado. Porque para desintoxicar, además de dejar ir los venenos, también debemos llenarnos de amor, de gratitud y afecto positivo.

Pregúntate, por ejemplo, dónde has depositado mayormente tu atención durante el día de hoy; qué estados has cultivado en tu interior. Te invito a indagar un poco más en las siguientes reflexiones.

FICHA DE TRABAJO

Contemplaciones para el entrenamiento de la compasión

- ¿He cuidado mis voces internas?
- ¿He estado lo suficientemente atento para cuidar el modo en el que me he tratado?
- ¿Cuidé de mis necesidades de nutrición, de mis relaciones y de mi conducta?
- ¿Nutrí mi dimensión espiritual?
- ¿Puse límites seguros cuando algo no me gustó o no tuve un buen trato?
- Y, con todo, aquí y ahora: ¿qué mensajes dejo hoy en el continuo de mi conciencia?

Al contrario de lo que mucha gente piensa, la compasión requiere coraje. Requiere ser acompañada de sabiduría, de contemplación, de un entrenamiento de la mente que fomente las virtudes. La compasión no es sentir lástima o ser indulgentes. Es entrenar habilidades y estados resilientes en la mente. Es aprender a discernir, desde una perspectiva ecuánime y con amor, las mejores respuestas que la situación requiere. Muchas veces, cuando aparece el sufrimiento, dicha perspectiva se pierde, nos desregulamos y queremos salir huyendo de la situación. Nos tensamos, escapamos del sufrimiento sin saber que solo transitándolo se podrá transformar. La evasión o la continua recreación del padecimiento no harán sino que este nos acompañe por más tiempo. En el entrenamiento, ponemos en práctica una atención y un cuidado saludable para aprender a discernir lo que es tóxico, lo que nos daña, para no seguir perpetuándolo. Y para ello necesitamos tener la mente serena, entrenada en restablecer su armonía y aprender a regular el sistema mediante un funcionamiento seguro.

El desequilibrio interno solo nos conducirá a la confusión, el caos interno, la rigidez o la agitación mental, y no nos permitirá ver con claridad cuál sería la mejor respuesta adaptativa, la que realmente alivie el sufrimiento y no lo incremente. El amor y la compasión no solo convierten nuestra mente en un refugio seguro, sino que cuando se reflejan en las conductas transforman nuestra vida y nuestras relaciones en estaciones seguras.

Carla, en cuanto se enfrentaba a la adversidad, tenía un mal día o sufría por una discusión en la oficina, no tardaba en criticarse, en hablarse mal o en hacer reproches a los demás. Antes de reflexionar con perspectiva sobre lo sucedido, su mente ya había saltado a la habitación hostil donde todo eran acusaciones, donde sus compañeros eran sus enemigos. La queja, el reproche, la culpa y la irritación aparecían cuando no habían pasado ni dos minutos, pero necesitaban más de tres días para evaporarse, no sin haber dejado antes su residuo tóxico.

«¿Durante cuánto tiempo mi cabeza seguirá creando pensamientos negativos?». La respuesta es sencilla. Mientras les dediques atención, mientras te dejes arrastrar por la frustración, el enfado o la ira, tu mente seguirá creando pensamientos negativos. Mientras le des la razón a tu ego en vez de adoptar una perspectiva ecuánime, de ofrecerte una contemplación sin fusión en la que fomentes, mediante el amor y el deseo de estar bien, el recurso y la respuesta que verdaderamente alivie el sufrimiento, tu mente seguirá creando pensamientos negativos. Cuando logres dar esa respuesta valiente que se enfrenta a la dificultad con amabilidad y resolución, en la que te tratas y tratas a los demás con amor, con respeto, con compasión, sin diferencias ni superioridades, tal como nos gustaría que nos trataran a nosotros, dejarás de crear pensamientos negativos.

Cuando seas una estación segura para el otro, cuando seas un lugar seguro para ti, podrás resolver los conflictos y las dificultades y transitar el sufrimiento con paz. No te conviene dejar el mando de tu mente a las aflicciones, esto te traerá problemas y más dificultades. Practicar esta gama de meditaciones te entrena para que la voz que gobierne y te dirija en la dificultad sea la mejor compañera. Para que te sientas seguro en tus propios brazos. Y puedas abrazarte con amor.

En la práctica del mindfulness hemos visto la importancia de entrenar la estabilidad de la mente, la perspectiva de la autoconciencia y la ecuanimidad. Estos aspectos, entrenados previamente, son fundamentales para que nuestra mente no divague en pensamientos negativos ni preste tanta atención a rumiaciones tóxicas. Equilibrar la mente es imprescindible para generar estados positivos. Si tu mente divaga en la agitación o en el caos, no podrá integrar la experiencia con la presencia amorosa o amable que deseas. Aprender a detectar estos patrones y observarlos sin reactividad desde una distancia suficiente te permite no confluir en ellos, no seguir expandiéndolos y no sobreidentificarte con el sufrimiento. De esta manera desactivas el piloto automático que te ancla al patrón disfuncional para dirigir tu atención a la virtud que cuide y alivie el dolor. En este caso, la compasión y la autocompasión te regulan y equilibran de nuevo para seguir desarrollándote hacia el bienestar. Favorecen tu posición en el camino del medio, lejos de los caóticos extremos en los que la mente te causa daño. Para que los diálogos internos y las historias narradas una y otra vez no estén tan contaminadas por dichos extremos. Todo cuanto reproduces en tu mente conforma tu mundo interno, el lugar en el que vives, así que tú decides cómo cuidarlo. **Podemos vivir en el caos de los extremos emocionales, en la rigidez de los «deberías» absolutistas y la deseada e inexistente perfección, o en la integración que restablezca el equilibrio y la presencia plena y amorosa ante nuestras experiencias diarias**; en la compasión como fuerza que active nuestro sistema de funcionamiento seguro y alivie nuestro sufrimiento. Sin dañarnos, sin dañar.

Sacar los venenos de la mente

Generar estados de amor y compasión es mucho más importante para la salud mental y el equilibrio emocional de lo que la mayoría de la gente cree. Estos estados determinan la diferencia entre cultivar causas y condiciones que generen la felicidad o cultivar las que generen el sufrimiento, tanto para uno mismo como para los demás. La diferencia entre cultivar una mente espaciosa, flexible y ecuánime que confiera seguridad, cuidado, afecto y fortaleza o cultivar una mente pequeña, rígida y egocéntrica que confiera inseguridad, miedo, desequilibrio y sufrimiento. La diferencia entre el miedo a perder, a tener menos, a no ser queridos, a no ser reconocidos y sentirse en plenitud, con dicha, satisfechos y confiados por estar en contacto con la cualidad innata del ser humano del amor y la compasión. Si vivimos dentro del escenario de nuestra mente, es mejor invertir en cuidar de ella para fomentar y entrenar los estados mentales que de verdad nos protejan de estos «venenos».

Este entrenamiento nos protege del sufrimiento no porque lo evitemos o lo neguemos, sino porque realmente nos preparamos para sostenerlo a través de una cualidad virtuosa, el amor y el deseo genuino de aliviarlo.

Aproximarnos al sufrimiento sin tensión, sin miedo a confluir en él, sin miedo a perdernos en el malestar puede conseguirse gracias a entrenar un contacto genuino con la compasión. La cualidad del amor y el deseo de estar bien envuelven nuestro estado interno, mental y del corazón, para protegernos. Al entrenar la atención, el mindfulness nos permite permanecer presentes para integrar la experiencia, sin juicio y con amabilidad. La autoconciencia nos advierte para que la mente no divague ni se pierda en interpretaciones catastróficas o pensamientos negativos y podamos mantener la atención, en este caso, en el amor y el deseo de aliviar el sufrimiento. De esta manera propiciamos que nuestra conciencia

se asiente en el espacio seguro de nuestra mente en equilibrio, sin parloteo tóxico en el que podríamos perdernos,
para fomentar la integración de la experiencia en una mente
en calma, sosegada. Mantener una actitud de observación,
sin fusionarnos con el discurso interno o pensamientos, nos
confiere una perspectiva privilegiada desde la cual podemos
realizar el mejor ajuste adaptativo que erradique completamente las causas y condiciones del sufrimiento. Cambiamos
los patrones defensivos del ego por un antídoto voraz del
sufrimiento. Nuestra mente empieza a ser un lugar seguro en
el que sabemos que no se generará un mayor sufrimiento. En
ese lugar de tu mente, el miedo no te detiene, lo transformas
en coraje compasivo.

El entrenamiento de la compasión

La compasión es la habilidad de abrirse al sufrimiento
—nuestro o de los demás— practicando la cualidad bondadosa del amor y manteniendo la intención y motivación genuina de aliviarlo. Es un mecanismo de regulación ante el
desequilibrio provocado por el sufrimiento. Por tanto, es
una respuesta resiliente que podemos entrenar para ser más
hábiles y diestros con nuestros patrones de pensamiento,
emoción y acción, para que podamos usarlos en nuestro favor, no en contra, y en el de los demás. **Y si acompañamos la
compasión de sabiduría para conocer cómo generamos el
sufrimiento y cómo podemos aliviarlo, la convertiremos en
un gran antídoto correctivo de «venenos» que puede llegar
a transformar nuestra mente.**

Su entrenamiento requiere un cambio de perspectiva ante el sufrimiento. Nos transforma el hecho de abrirnos receptivamente ante él, de aceptarlo. Por lo general, la primera respuesta automática que surge es la tensión, la negación o la resistencia, pero la respuesta que realmente lo transforma es sostenerlo —y sostenernos— junto a él con amor. Mediante este cambio entendemos que el sufrimiento forma parte de la vida, es inherente a ella, y que la actitud con que lo afrontamos puede determinar su peso. Entrenando la compasión fortalecemos nuestras intenciones y experiencias internas de tal manera que generamos un estado de amor y una motivación de alivio que acompañe nuestras acciones para erradicar el sufrimiento de raíz. Se trata de conseguir que el entrenamiento nos conduzca a una visión de humanidad compartida en la que podamos contemplarnos como cualquier otro ser humano y darnos cuenta de que el sufrimiento está presente en todas las personas y que todas deseamos aliviarlo; esto nos iguala. De conseguir que sintamos los mismos deseos de bienestar para nosotros y para los demás, que resonemos con alegría empática con el bien común, al igual que lo haríamos con el nuestro o con el de algún ser querido, y que queramos cooperar para aliviar el sufrimiento ajeno, como lo haríamos con el nuestro o con el de un ser querido. Por ello, el entrenamiento culmina con el compromiso, y la responsabilidad de cumplirlo, de realizar acciones que nos conduzcan a responder armónicamente a nuestra intención.

Elementos necesarios para el entrenamiento de la compasión

Los elementos que se requieren para entrenar la compasión y que protegen nuestra mente son:

1. **Amor bondadoso:** deseo genuino y aspiración de felicidad para todos, sin aferramiento, sin preferencias, sin límites. Este será el canal por el que circule la fuerza de la compasión. Necesitamos generar la aspiración de que todos los seres alcancen la felicidad, que les vaya bien en la vida, que puedan tener paz y serenidad, para que en el entrenamiento la compasión sea genuina y no parcial. Porque activarla es fácil cuando se trata de nuestro círculo más cercano, pero es preciso entrenarla para dedicarla a los demás, incluso a las personas más complicadas. Todas las personas, sin condiciones, tienen derecho a ser felices, a vivir en paz.

2. **Empatía cognitiva o un buen entendimiento del sufrimiento:** el conocimiento que nos permite entender la situación y reflexionar sobre las causas, condiciones y consecuencias del sufrimiento.

3. **Sintonía empática, o empatía emocional:** la empatía que nos hace resonar con las emociones del otro, una especie de «sentir con» que genera una respuesta emocional en nosotros. Más allá de entender al otro mediante la razón, lo sentimos, podemos ponernos en su lugar emocional.

4. **Intención genuina de aliviar el sufrimiento:** el impulso que nos moviliza a la acción compasiva.

5. **Motivación para generar las causas y condiciones ne-cesarias para eliminar el sufrimiento:** la búsqueda de respuestas o acciones que favorezcan la disolución del sufrimiento.

ELEMENTOS NECESARIOS PARA EL ENTRENAMIENTO DE LA COMPASIÓN
• Amor bondadoso
• Empatía cognitiva
• Sintonía empática
• Intención genuina
• Motivación intrínseca

La contemplación de estos conceptos y sus consecuencias en nuestro día a día, o la reflexión sobre ello, favorece que la práctica de la meditación sea más fructífera. Aparte de la práctica formal, es preciso que en las actividades diarias o en las dificultades nos encontremos con la compasión como herramienta resolutiva. Saber tratarnos bien, atender nuestras relaciones desde una perspectiva ética, de comprensión, de humanidad compartida; comprender desde la interdependencia el beneficio de actuar de forma bondadosa, deseando la felicidad de todos los seres, junto con la motivación de querer aliviar su sufrimiento, es muy transformador. Nos conecta con el impulso de todo nuestro potencial humano, con nuestras fortalezas y valores. Nos conecta con una esencia que favorece los estados resilientes de la mente para afrontar las dificultades desde la mejor perspectiva posible, la que busca soluciones a los conflictos con coraje y con la valentía de la paz, y no con el miedo, la ira y el egocentrismo de la guerra. Y esto implica sabiduría. Sabiduría para discernir lo que realmente proviene de un deseo dañino, de un mensaje velado por el ego, de lo que proviene de un recurso resiliente y empoderado en favor de la salud y la armonía de todo tu sistema.

Claves para el entrenamiento de la compasión

Para que el entrenamiento de la compasión sea efectivo y transformador es necesario ejercitar cuatro estados virtuosos de la mente:

- amor bondadoso
- compasión
- alegría empática o regocijo
- ecuanimidad

Generar y fomentar estos estados en tu mente te protege de la malicia y la envidia, de los estados disfuncionales y tóxicos que provienen del miedo, de la baja estima y la falta de apreciación por ti mismo. Te predispone a ver las cualidades del ser, sin aferramientos ni preferencias, sino con ecuanimidad, en un estado funcional que promueve la dicha y felicidad genuina.

CLAVES PARA EL ENTRENAMIENTO DE LA COMPASIÓN

- A nivel cognitivo: generar una aspiración de afecto positivo hacia nosotros mismos y hacia los demás. Afirmar internamente, de manera consciente y determinante, un estado de felicidad. Requiere de sabiduría y conocimiento para poder discernir lo que realmente es bueno y dichoso, para no confundirlo con determinados placeres que pueden parecer felicidad pero que finalmente crean estados de dependencia, aferramiento o toxicidad.

- A nivel emocional: desarrollar el deseo sentido o añoranza de que todos los seres estén llenos de felicidad, que todos seamos dichosos. Ofrecemos un valor real, sentido y alegre a la afirmación. El entusiasmo es uno de los mejores acompañantes a nivel emocional.

- A nivel conativo y conductual: pasar a la acción los deseos y aspiraciones generadas. Para ello, nuestra conducta debe ir armónica a ellos, ser congruente. Esto implica tanto a nuestras acciones como a la voluntad y el compromiso interno de hacerlo posible.

Cada uno de nosotros tenemos una historia personal particular, con nuestras propias situaciones y contextos. Todos queremos lo mismo: estar bien, ser felices y vivir libres de sufrimiento; sin embargo, nos diferencia el modo en el que nos empeñamos en conseguirlo, el cómo lo hacemos. Podemos juzgar y estar de acuerdo, o en desacuerdo, con las conductas —que serán más o menos hábiles, más o menos afines a la ética o a nuestros valores—, pero nuestra motivación primaria es la misma. Sobre ella no podemos juzgarnos. Si camináramos por la historia de otra persona, con su educación, con sus tramas internas y sus circunstancias, quién sabe cómo hubiéramos actuado nosotros, quizá como ella, o quizá no. Dependería de si alguien nos enseñó a hacerlo mejor, de si tuvimos la oportunidad de que alguien nos dedicara un tiempo de calidad y amor para mostrarnos cómo actuar en armonía porque, al fin y al cabo, todos deseamos ser felices y estar en paz. Si tuviste la suerte de que alguien te enseñara a mostrar conductas hábiles, no juzgues a quien no la tuvo. Trata de entenderlo y mostrarle una vía mejor. Puede que tan solo necesite que alguien vuelva a mirarlo con amor y lo entienda sin juzgarlo, y tal vez con tu apoyo aprenderá a ser mejor persona.

Todos deseamos desarrollarnos, estar bien. De nosotros depende respaldarnos o empujarnos. La compasión sabia nos enseña que todos podemos salir ganando, y para ello requiere la habilidad de discernir qué límites sanos, firmes y seguros poner en nuestras relaciones con los demás, con el entorno y con nosotros mismos. De saber si ante lo que alguien nos pide o lo que estamos haciendo, lo mejor es ofrecer un no. La compasión no es estar disponible para dar siempre un sí y una sonrisa, sino tener el coraje de responder con un no que confiera un límite sano. «No, lo mejor será no tomar alcohol en esta situación». «No, lo mejor es no seguir hablando contigo porque me dañas». «No, lo mejor será no llamar a esta persona de la que me estoy creando una dependencia». «No, lo mejor será romper con mi aislamiento y mi orgullo y aprender a apoyarme». «No, lo mejor será dejar de criticarme y aprender a perdonarme».

Necesitamos conocer nuestros patrones mentales para poder recurrir al conocimiento y la experiencia, para tomar decisiones compasivas y sabias que nos conduzcan al bienestar y no solo a un alivio temporal sintomático del malestar.

La compasión aspira a cultivar conductas que realmente nos transformen y erradiquen las causas y condiciones que generan nuestro sufrimiento. Contemplar el mundo desde la perspectiva de la compasión nos libera de la necesidad de juzgar y de culpar al mundo o a los demás. Nos ocupamos en cuidar para sembrar bienestar.

Las tres contemplaciones

1. Impermanencia

Una de las leyes naturales de la que no es posible escapar, pero que nos empeñamos en negar, es la impermanencia. Nada queda libre del constante movimiento y cambio. Sin embargo, todo lo relativo a la impermanencia ha generado inquietud en el ser humano y mucha controversia, resistencia e incluso tabú. La muerte, la enfermedad, el cambio, el envejecimiento, las pérdidas. Tanto en nuestro mundo interno como en el externo, todo se transforma constantemente. Mañana te despertarás con un organismo más envejecido, con algunas células muertas, en un mundo totalmente diferente. Las circunstancias se mueven tanto como nosotros, y vivir de espaldas a esta realidad nos genera más sufrimiento. Un día moriremos, morirán las personas queridas, tendremos crisis, novedades imprevistas, cambios previstos y no gustosos. Es una realidad. Afrontarla con compasión nos permite vivir con agradecimiento y optimismo. Valorando y apreciando la belleza de cada uno de los instantes que, desde el momento mismo en el que los observamos, se escapan de nosotros. Cambian.

2. Humanidad compartida

Desde la perspectiva de la humanidad compartida comprendemos la esencia de la identidad del yo mediante un reconocimiento profundo de la aspiración común a la felicidad y la liberación del sufrimiento que todos compartimos. Gracias a esta perspectiva cultivamos un sentido de apreciación por los demás observando lo interconectadas que están nuestras vidas y nuestras aspiraciones. Reconocernos como un ser humano más y reconocer a los demás en su esencia nos permite expandir el entrenamiento mental a un círculo de compasión cada vez mayor, que implique circunstancias diferentes a las nuestras. Por eso diferenciamos la conducta de la esencia humana del ser. La primera puede ser valorada según si es adaptativa, justa o ética o no lo es, mientras que la segunda requiere ser apoyada para ganar sabiduría y ajustes funcionales que permitan el desarrollo global de la humanidad. Juzga tu conducta, no te juzgues a ti.

Para la práctica, la esencia de este entendimiento es el deseo compartido de felicidad: los otros la desean tanto como nosotros. Todos requerimos un apoyo para saber identificar nuestras necesidades y satisfacerlas de forma sana, sin dañar y sin dañarnos. Apoyar nuestro crecimiento y desarrollo en la sabiduría y la compasión. Esto nos hace hábiles. Es preciso que entendamos nuestra mente, nuestra esencia, nuestros patrones y nuestra historia y favorezcamos un crecimiento holístico en el que todas nuestras partes se armonicen. Si yo necesito esto para crecer, los demás también. Seamos una estación segura para los demás tanto como nosotros necesitamos que lo sean ellos.

3. Interdependencia

Este es otro de los conceptos indispensables para entender y comprender la compasión. Cualquier acto repercute en el beneficio o el perjuicio del conjunto. No vivimos aislados, sino que todo lo que hacemos tiene un impacto en los otros, en las relaciones, en el mundo. No podemos cambiar el mundo, no gozamos de esta capacidad, pero debemos saber la importancia que tiene el impacto de nuestros actos en él. Si nos detenemos por unos instantes a reflexionar sobre esta cuestión, encontraremos cada día miles de ejemplos de ello. ¿Verdad que cuando tienes un mal día, los actos simples y pequeños de amabilidad y bondad genuina son capaces de cambiarlo? Por ejemplo, el trato amable de un vecino, la sonrisa y los buenos días de un compañero, una escucha activa interesada en hacerte sentir mejor. Estos actos pueden mejorarte el día inclinándolo hacia un lado positivo. A la vez, cuando los recibes tienen la virtud de hacer que tú también los ofrezcas, que sonrías a otra persona que a su vez tiene un mal día y que, quién sabe, quizá con este gesto consigue darle un giro positivo. Y esta premisa es asimismo válida hacia la otra dirección: cuando uno tiene un mal día, percibe un mal gesto del vecino, o una especie de vacío al llegar al trabajo y no recibir ningún saludo. Nos parece que nadie nos ha dedicado ni siquiera un rato para compartir un café, para demostrarnos interés o amabilidad. Que hemos hablado con mucha gente, pero sin conectar con nadie. Que nadie nos ha preguntado qué tal estamos. Que nadie se ha percatado de que estamos pasando por un mal momento. Estos gestos probablemente aumentan nuestro malestar, y más si vienen de personas significativas. Gestos y resonancias internas que, de forma inconsciente, trasladamos a nuestro mundo relacional y a nuestra perspectiva de este. Nuestra experiencia resuena en el entorno, y cuidar de él para que sea nutritivo es importante para la salud y la higiene de nuestra mente.

Así, desear que todos estemos bien y seamos felices y actuar de forma congruente con este deseo es una gran transformación no solo para nuestra mente, sino para el mundo. Todos podemos crear las causas y condiciones para que se produzca el sufrimiento, pero también tenemos el poder de erradicarlo. Tenemos la capacidad de sembrar las causas y condiciones que generen el bienestar, la felicidad de todos los seres.

¿Puedes pensar en alguien que haya sido una figura de bondad en tu vida, cuyo solo recuerdo te llene de felicidad y gratitud? Quizá un maestro que te impulsaba y te ayudó a descubrir tus cualidades; o un amigo que te hizo saber que siempre podrías contar con él. O tal vez tus padres, que te dieron la vida y todo un sostén para caminar. Nuestro ambiente nos ha influido y nos influye continuamente, y viceversa. En cualquier movimiento que hagamos, como coger un bus, usar el ordenador, vestirnos, acostarnos en la cama, circular por la carretera o comer un alimento, han intervenido infinidad de manos, ideas y personas a través de miles de generaciones para hacerlo posible. La humanidad se ha apoyado en múltiples actuaciones generosas para seguir creciendo y desarrollándose.

Autocompasión: cómo dejar de tratarme mal

En nuestro fuero interno conviven muchas voces, historias narradas una y otra vez, aflicciones que nos devoran. Ira, frustración, enfados y argumentos en forma de bucle tóxico. Vivimos la agresión de estas voces tóxicas en el silencio oculto tras la apariencia de una capa superficial que dice «Me va todo genial. Mi vida es un éxito». Nos habituamos a la distancia que existe entre nuestro yo interno y el externo, vivimos como si todo estuviera bien, aunque internamente sigamos anclados al sufrimiento, escuchando voces que se hacen cada vez más rígidas, severas y venenosas. Les damos credibilidad y alas para que continúen creciendo. Sin ser conscientes de ello, nos convertimos en nuestros peores enemigos. Nos hablamos mal, nos tratamos mal y nos queremos mal. Sin dedicarnos el cuidado y la atención afectiva indispensables, no podemos llevar una vida feliz.

La autocompasión, lejos de victimizarnos —que sería mantenernos en un patrón tóxico—, actúa con la firmeza del afecto, del cuidado y del consuelo que necesitamos ante el sufrimiento. La autocompasión, acompañada de una mente ecuánime y una contemplación sabia, te permite atender tu sufrimiento sin negarlo, sin resistirte y sin caer en los extremos de una mente guiada por la aflicción y los sesgos absolutistas. Requiere la empatía suficiente para entender tu sufrimiento y acompañarte a repararlo, a sanarlo.

La compasión y la autocompasión también nos permiten coser los retales del sufrimiento generando optimismo. A veces se piensa que conectar con el sufrimiento nos va a volver más pesimistas o nos va a dañar. Sin embargo, **la compasión**

nos vuelve más optimistas porque, a pesar de poner el foco en el sufrimiento, es un estado cargado de energía en el que sustituimos la preocupación por una ocupación positiva. Envolvemos nuestra mente en un deseo positivo y constructivo en el que anhelamos la erradicación del sufrimiento y contemplamos la posibilidad de hacer algo al respecto. De ahí que se entienda la compasión como un entrenamiento resiliente para nuestra mente, puesto que nos prepara para afrontar las dificultades de forma activa.

PARA QUÉ NOS SIRVE EN EL DÍA A DÍA

«De peores cosas he salido». La trampa del orgullo

Lo estaba pasando fatal, pero se negaba a pedir ayuda. «Yo sola puedo», se repetía Carla constantemente. Sin embargo, con el tiempo y la perspectiva, fue dándose cuenta de que podría haber atajado su ansiedad si no la hubiera dejado crecer tanto en su cabeza. Su orgullo le tendió una trampa, pero ella se rescató, con eso nos quedamos. Muchas veces, el orgullo cubre nuestra necesidad creando una capa de autosuficiencia que nos desconecta de la reparación y el alivio que nos hacen falta. Queremos estar bien, pero el orgullo nos encierra tras una muralla que nos distancia cada vez más de nuestra necesidad.

El orgullo es una protección engañosa. Nos hace creer que ser fuertes es sinónimo de hacerlo todo solos, de no necesitar a nadie, de que estamos bien tal y como estamos, y nos conduce al agotamiento y al aislamiento. Nos hace suponer que damos una imagen de poder y valía, cuando en realidad nos estamos haciendo daño. Ser fuerte es ser fuerte, con ayuda o sin ayuda, con vulnerabilidad o sin ella. A medida que vamos cubriendo nuestro ego con una capa de orgullo cada vez más gruesa, el egocentrismo inicia un crecimiento que nos aísla de la conexión con el entorno, de la conexión humana, sensible, de resonar empático que todos necesitamos para ser compasivos, con nosotros y con los demás, para sentir el amor y la ternura. **Creyendo ser fuertes, estamos llenos de un miedo que nos impulsa a construir una coraza rígida a nuestro alrededor.** Y entonces nos escudamos culpando a los demás de este proceso doloroso: «Si es que nadie me lo pone fácil. No me ayudan y por eso yo me las apaño sola. Termino antes haciéndolo yo». De nuevo escapamos, sin darnos cuenta, de nuestra responsabilidad en el cambio. Inhibimos nuestra conexión con el mundo y con nuestra necesidad. Iniciamos una larga y dura espera en la que pensamos que el mundo adivinará lo que necesitamos y atravesará la muralla para acariciarnos el corazón. Perdemos de vista que un corazón frío añade cada vez más piedras al muro, que vamos justo en contra de lo que deseamos.

El orgullo se interpone en el camino de crecimiento y conlleva sentimientos de culpa, vergüenza y amargura. En lugar de admitir que necesitamos buscar ayuda, adoptamos el papel de personaje exitoso, fuerte y poderoso que lo puede todo, aguantamos y sufrimos solos, aislados. Y esto nos daña por dentro. Necesitamos sentirnos vistos, sentidos, amados y reconocidos, y el aislamiento nos deja muy desconectados de todo lo que nutre nuestra esencia. De hecho, nos bloquea tanto la compasión como la autocompasión. ¿Cuántas veces el orgullo hizo crecer en tu mente un momento negativo o de conflicto y lo intensificó hasta tal punto que te alejó por completo de una persona, un sueño o una situación?

«No me interesa aumentar mi sufrimiento»

Resonar empáticamente y conectarnos con el deseo genuino de aliviar el sufrimiento es el antídoto contra los conflictos del ego y del egocentrismo. Nos comprometemos a restablecer el bienestar y nos acompañamos, mediante el equilibrio y el apoyo (interno y externo), a hacerlo. No nos interesa aumentar el sufrimiento. «Yo quiero más que tú», «Quiero que me vaya mejor que a ti» o «Yo soy el que tiene la razón» son argumentaciones que, cuando se sostienen de forma absolutista y rígida, nos hacen luchar sin filtro ni sabiduría. ¿Cuántas relaciones entre amigos, familia, parejas, comunidades y países se han truncado por luchar por este desequilibrio sin sentido? Son estados tóxicos egocéntricos que envenenan la mente llenándola de distanciamiento crítico, o incluso indiferencia, de los demás. Argumentos hilvanados en un estado de superioridad que impide que surja el estado reparador y regulador de la compasión. **La compasión te libera del veneno de la crueldad. Y el amor bondadoso erradica toda mala voluntad, egoísmo y dependencia.** Cultivar una mente ecuánime y equilibrada implica saber elegir el camino del medio. Una elección con la que todos ganamos.

«¡Cuánto me costó salir de la envidia! Qué daño me hacía dedicando tanto tiempo a los pensamientos negativos». Frecuentemente, sin darnos cuenta, rumiamos y dejamos crecer en nuestra mente aflicciones y sesgos cognitivos conducidos por el ego y el egocentrismo que incrementan estados de tristeza, ira, ansiedad y desesperanza y voces que nos acompañan de forma despreciativa. Cuando conseguimos entrenar la atención y logramos una mente en calma y estable, es el momento de entrenar para asentar la mente en estados virtuosos, no en los pensamientos negativos o disfuncionales que nos generan aflicciones. Saber redirigir la mente hacia estados virtuosos es imprescindible para transformarnos. Los estudios demuestran que estas prácticas favorecen los cambios en la experiencia diaria de las personas en un amplio rango de emociones positivas, como el amor, la alegría, la gratitud, la satisfacción, la esperanza, el orgullo, el interés, la diversión y la capacidad de asombro.

La aceptación te permite ver la realidad para ocuparte de ser optimista con ella. El optimismo es el empuje alegre y no tiene por qué distorsionar tu realidad. No es ilusorio, es real, y cree en tus recursos para salir ganando de este instante. Sea como sea. **Las emociones positivas pueden emerger como un mecanismo que señala nuestros recursos y los impulsa para que nuestra vida sea más satisfactoria.** Son las vigilantes que ayudan a mantener los síntomas depresivos a raya, por lo que es preciso cultivarlas, sostenerlas en nuestra mente y aprender a verlas como algo que es importante entrenar. **El optimismo no es falsear la realidad, sino verla tal cual es para rescatar lo bueno que hay en ella**, al igual que haces con lo malo, pero justo del otro lado.

También se establece una correlación significativa entre las emociones positivas y otros beneficios personales, como la aceptación de uno mismo, la mejora en las relaciones interpersonales, disminuyendo los celos y el resentimiento con los demás, y la fijación de un propósito en la vida. Las emociones positivas actúan regulando el estrés y aumentando la apreciación y gratitud hacia la vida. Porque cada vez que nuestra mente reflexiona sobre la bondad de los demás, genera la apreciación positiva del valor de lo que hacen, de lo que ocurre. Y también podemos observar lo bien que nos sienta, cómo resuena en nuestro cuerpo y nuestras sensaciones dicho gesto, sea cual sea la situación, provenga de quien provenga.

No solo necesitamos desintoxicarnos, sino también dejar de intoxicarnos

Atender a nuestro continuo mental para no añadir más veneno, para dejar ir lo que nos daña y comprometernos a armonizar nuestros pensamientos, emociones y conductas con valores constructivos, la ética y el bienestar de todos será lo que determine si nuestro cambio es superficial o se mantendrá a largo plazo de tal modo que nos transforme e impulse nuestra felicidad genuina. No solo necesitamos desintoxicarnos, sino dejar de intoxicarnos, y esto requiere compromiso.

Vivir conscientes y en la atención plena nos sirve para seguir centrándonos en los estados virtuosos, aquellos que nos acercan al bienestar, en vez de en aquellos que nos crean mayor sufrimiento. Para evitar, de esta manera, la fuerte inercia de nuestros viejos hábitos condicionados, patrones que están al acecho de un descuido con el fin de iniciar de nuevo la marcha y reactivar toda la cadena aflictiva. Estos tienen los motores encendidos, así que en cuanto detectan que hemos puesto el piloto automático y nuestra mente divaga abstraída, ahí están listos para reanudar la carrera. Y por eso, a la que nos descuidamos, nos ponemos a escuchar la mente parlante, el cotilleo o la autocrítica, y nos situamos en un victimismo egocéntrico que nos aleja de nosotros mismos, de nuestra confianza y nuestros recursos para dejarnos solos en la habitación del miedo y la aflicción. Porque ¿cuántas veces te has descubierto mirando compulsivamente el móvil simplemente para llenar un vacío que no sabías soportar? ¿Y cuántas veces este gesto ha terminado con pensamientos poco amables o críticos? A menudo nos distraemos y descuidamos la importancia de ordenar y transformar nuestro mundo interno, de llenarlo de confianza, recursos y seguridad para que no sea un lugar del que huir, sino un buen lugar donde permanecer en calma y bienestar.

Adquirir nuevos hábitos que generen las causas y condiciones que crean el bienestar requiere persistencia, disciplina y mantener clara nuestra intención y motivación. A cada instante elegimos cómo pensar, cómo vivir, qué acción realizar y con qué parte de la vida nos queremos quedar.

Nos vinculan hilos invisibles; es mejor estar en paz
y no rompernos con la guerra

Es más inteligente ser compasivo y vivir con amor. Estos estados generan sistemas de regulación, protección, seguridad, cuidado y amor a nuestro alrededor, estados mucho más beneficiosos para todos, incluso para nosotros mismos. Fomentan un mayor bienestar y crecimiento humano, a diferencia de lo que ocurre al buscar solo la propia satisfacción o beneficio, situación en que se pierde la perspectiva de la común humanidad y se vulneran muchos de los principios del bienestar, se cae en un torbellino disfuncional de los patrones y hábitos que hemos visto: egocentrismo, avaricia, envidia, orgullo, mala intención, críticas severas y exigencias rígidas, pensamientos absolutistas y sesgados, miedo, desconfianza, poca estima, inseguridad. Así, expandir la compasión y el amor bondadoso más allá de tus seres queridos más próximos y cuidar de todas las personas con las que la vida te entrelaza es tejer un bonito sostén para todos. Nos vinculan hilos invisibles. Es mejor sentirnos en paz que en guerra. Por ejemplo, cuando en tu entorno familiar todos estáis bien, estáis felices y os dais cuidado, amor y seguridad suficientes, no os hace falta nada más. Por el contrario, cuando alguien está sufriendo, aunque sea solo una persona —tu pareja, tu hijo, tu madre—, cuando le falta seguridad o atraviesa una crisis, el sistema entero se tambalea junto al dolor de ese ser querido. Todos resonamos en el amor y en el dolor, todos podemos apoyar para alimentar y confortar respectivamente, uno y otro. De este modo, cuando el sistema te importa, de inmediato surge en ti el impulso natural de querer aplacar el sufrimiento de este ser querido. Quieres ofrecerle amor, apoyo, recursos y todo aquello que necesite y le puedas proporcionar. Así, al restablecer el cuidado y la protección, vuelven la calidez y el alivio y la sensación de conexión nos restaura. Este es un sistema de regulación que funciona, un sistema en el que el cuidado, la seguridad, el amor, el afecto y la protección nos hacen recobrar de nuevo el sentido de pertenencia, de bienestar. Si esto es común a todos los seres, ¿por qué nos cuesta tanto aplicarlo también a las personas no tan cercanas? ¿Por qué no ampliar nuestro círculo de amor y compasión en beneficio de todos?

La práctica de toda la gama del altruismo, donde incluimos estas prácticas de amor bondadoso y compasión, tiene un gran impacto positivo en nuestra mente y, a la vez, en el entorno. Te invito a que lo compruebes. Cuando te sientas mal, ofuscado, triste o desesperanzado promueve valores y acciones altruistas. Esfuérzate en hacer el bien común, en participar en algún proyecto solidario cercano, en ayudar u ofrecer algún detalle apreciativo a un vecino, una compañera o un desconocido. Prueba a realizar actos bondadosos y compasivos, y descubrirás que empiezas a recibir mucho más de lo que esperabas y mucho más de lo que estás dando. La sensación cálida y de conexión que se queda en ti, provocada por los ofrecimientos compasivos, se va instalando en tu mente, en tu cuerpo, en cada una de tus células, y empieza a transformarte. La apertura del corazón y la flexibilidad de la mente te impulsarán hacia el bienestar, creando fortalezas internas que te protegerán contra futuros venenos.

La vida es mucho más sencilla
de lo que el ego nos cuenta

Si damos espacio y tiempo a los venenos de nuestra mente para que sigan creciendo, se convierten en estados tóxicos que desencadenan patrones disfuncionales. Nuestros pensamientos y emociones se retroalimentan en un sesgo negativo que deriva en acciones poco virtuosas que pueden llegar incluso a dañarnos a nosotros y a los demás. De igual modo funcionamos cuando cultivamos una mente virtuosa. Si le damos espacio y tiempo para que siga cultivando virtud, contagiará a todos nuestros patrones creando un estado interno de equilibrio y regulación, de calma, amor, compasión, ecuanimidad y alegría empática que derive en acciones virtuosas que nos beneficien a nosotros y a los demás. Y esta ecuación también funciona a la inversa. Podemos empezar por reconducir nuestras acciones, porque ellas determinarán los diferentes patrones internos y ayudarán a conformarlos. **El altruismo es una de las prácticas más transformadoras porque te impulsa a salir fuera de la rigidez y el ensimismamiento del ego.** Por muy orgulloso y autosuficiente que te haga sentir tu ego, es importante que sepas que necesitas la actuación y el apoyo de muchos seres para cada una de tus acciones: tienes comida gracias a quienes la cultivan, la transportan y la venden, gracias a tu trabajo y gracias a los clientes que compran tu trabajo, gracias a que esos clientes también tienen dinero por sus trabajos, gracias al arquitecto que diseñó la casa en la que vives y el despacho en el que trabajas, a la persona que dio luz y agua a tu ciudad, a la que renovó las instalaciones, a la que las inventó, a la que escribió los libros sobre los que tú asentaste tu conocimiento, a tus profesores, a tus padres, a los médicos y enfermeras que te ayudaron a nacer e iniciar la vida, a quienes te cuidaron y te cuidan, a quienes te ofrecen calor, a la gente que te rodea y te dedica una sonrisa, a la infinidad de seres que realmente nos sustentan. Los deseos benevolentes y las acciones compasivas y altruistas de un sinfín de vidas han hecho posible la existencia de nuestra generación. La cooperación nos impulsa lejos. Y el individualismo nos aísla. Muchas veces incluso incrementa nuestro malestar y sufrimiento, llevándonos a una soledad no elegida en la que descuidamos nuestras relaciones y nos centramos demasiado en nuestra propia satisfacción. La vida es más sencilla de lo que el ego nos cuenta. Y buscar el bienestar común, mucho más saludable.

Desde esta perspectiva necesitamos construir una ética y unos valores que nos permitan desarrollarnos como seres humanos en comunidad, respetando el principio de ecuanimidad llegado desde la interdependencia. Es preferible no estar tan centrados en cómo deberían actuar los demás o cómo deberían estar ocurriendo las cosas en estos momentos. Sobre esto no tenemos ningún poder. Sin embargo, sí lo tenemos sobre lo que podemos hacer con ellas, lo que podemos depositar en las situaciones bajo la responsabilidad de nuestras acciones. Y encontrarles un sentido pleno a nuestros días.

Llegar al bienestar conectando con los valores, las emociones positivas y las conductas altruistas es básico para sostenernos a lo largo de las diferentes tormentas que la vida nos depara. Nos permite estar conectados con un sentido que nos ayudará a orientarnos en la oscuridad para salir de ella y transitar las diferentes etapas.

Entrenamiento: meditaciones guiadas

Te presento tres meditaciones guiadas para cultivar el amor bondadoso, la compasión y la autocompasión.

Iniciamos el entrenamiento cultivando el amor bondadoso en nuestra mente porque es la práctica esencial que facilita las demás prácticas de compasión y altruismo y las sostiene. Es su pilar porque ayuda a integrar la aspiración genuina de que todos estemos bien, alcancemos la felicidad y construyamos las causas y condiciones necesarias para lograrla, para desarrollar la paz y solucionar los conflictos de forma pacífica. Gracias a esta aspiración podemos detenernos en el sufrimiento para promover su alivio con la mente enfocada en el optimismo de reconducir nuestros estados de padecimiento y generar compasión o autocompasión para apaciguarlo, calmarlo y llenarlo con la cualidad del amor. Esta es la que nos sostendrá cuando entrenemos en el sufrimiento para eliminar sus causas y condiciones.

INSTRUCCIONES PREVIAS AL ENTRENAMIENTO

En estas meditaciones utilizaremos el recurso de la imaginación o visualización para evocar en la mente imágenes que para ti contengan las cualidades del amor bondadoso, la calidez y la aceptación. No importará tanto la imagen elegida como la resonancia que tenga en ti. Deberá conectarte de inmediato —y cuanto más intensamente, mejor— con las cualidades que queremos entrenar. De esta manera podemos implicar a la mente y el cuerpo en su resonancia y el entrenamiento mejorará. Lo más significativo no será la calidad de la visualización sino su impacto emocional en ti. Lo que implica, lo que simboliza, aquello con lo que realmente te conecta, así que no te preocupes por perfeccionar la visualización, céntrate en permitirte sentirla y experimentar la práctica. Esto es lo que te transformará.

Al igual que un acontecimiento negativo queda impregnado en cada una de tus células por el impacto emocional que produce, queremos que las cualidades y estados positivos y resilientes evocados también te permeen. Para ello, es fundamental que mediante el mindfulness sostengas la atención en este foco virtuoso y le ofrezcas a tu mente la oportunidad de familiarizarse con este estado. No elijas una imagen que sea demasiado intensa para ti en estos momentos, esto tampoco sería bueno para el entrenamiento porque te desbordaría. Este entrenamiento es progresivo, y requiere que la evocación tanto del sufrimiento como de su restauración y el amor bondadoso se ajuste a tu circunstancia. Si, por ejemplo, estás atravesando el duelo por una persona querida, aunque sea una de las que más amor evoquen en ti, su imagen puede llegar a desbordarte. Quizá es mejor elegir a otro ser querido, o una imagen de menor intensidad, hasta que hayas elaborado esta pérdida y el amor de esta persona ya pueda servirte de inspiración. Se trata de que la emoción te impacte pero te permita seguir entrenando. Sin inundarte, no con una intensidad elevada, sino moderada.

Si en algún momento notas que el ejercicio te ha desbordado, que te afecta demasiado el sufrimiento de los demás o el tuyo propio, es importante que sepas que esto se debe a un estado no regulado que te ha hecho confluir con el dolor. Ahí ya no estás sostenido por la perspectiva saludable de la compasión, esta no inunda ni crea más sufrimiento, necesitas salir de la confluencia, volver a ti, regular tu estado y conectar con tus recursos. Si te inundas, no puedes accionar el mecanismo de alivio. Como si tuvieras que rescatar a alguien del agua: puedes hacerlo si estás preparado para nadar, pero si en estos momentos intuyes que vas a hundirte, conviene que busques alternativas que regulen y adapten mejor tu respuesta de ayuda. La aceptación de la realidad y la perspectiva entrenada en el mindfulness nos permite ser conscientes de esto y accionar nuestro mejor ajuste. A veces necesitamos ir un poco más despacio, tomar más perspectiva y restaurar el equilibrio. Todo es un proceso. Puedes elegir situaciones que contengan menos intensidad e ir regulándolas y ajustando tu progresión en la práctica.

La progresión en el entrenamiento

Si al visualizar lo haces en tercera persona, para seguir progresando en el entrenamiento será interesante que puedas pasar a visualizar en primera persona. Está demostrado que hacerlo de este modo tiene un mayor impacto en nuestra mente.

Cuando hablamos de visualizar en tercera persona nos referimos a ver algo del mismo modo en que lo veríamos en una película en el cine. Lo observas y lo vives intensamente, pero como espectador, lo observas desde fuera, desde el patio de butacas. Te implicas, pero no tanto como en la visualización en primera persona. En este caso, tú serías uno de los actores de la película, estarías dentro de la escena, percibirías el entorno con tus propios sentidos.

Por ejemplo, cuando evoques una imagen que te inspire amor incondicional quizá aflore a tu mente el recuerdo de un ser querido o una escena de la naturaleza. Verlos en tercera persona es verlos en una película o una foto fija que te hace evocar todas estas cualidades y conexiones de amor. Poco a poco, al avanzar en el entrenamiento, hemos de conseguir vivirlos en primera persona. Entonces sería como si estuvieras sentado frente a tu ser querido y acentuaras las sensaciones para evocar la emoción. Te detienes observando su mirada y permitiendo que resuene en tu cuerpo, sintiendo cómo su sonrisa provoca la tuya, sintiendo cómo se expande cierta calidez en tu cuerpo. Y si elegiste evocar una escena de la naturaleza, puedes rememorar sus olores, dejarte permear por su luz, su espaciosidad, como si realmente estuvieses en ese paisaje natural. De esta manera, a lo largo del entrenamiento, cuantos más sentidos puedas involucrar en tu práctica, más actividad estarás generando y mayor impacto tendrá en tu mente.

Meditación 1: meditación del amor bondadoso

- *Siéntate en tu postura habitual de meditación. Recuerda que debe ser una postura relajada y a la vez erguida, que te permita estar atento a lo largo de la práctica.*

- *Haz tres respiraciones profundas, inspira hasta llenar completamente tu abdomen y espira con suavidad.*

- *Descansa por unos minutos en la atención plena a tu respiración (puedes elegir aquella práctica de mindfulness con la que hayas avanzado más para asegurar una mayor estabilidad en tu mente).*

- *Ahora te invito a evocar en tu mente la imagen o el recuerdo de alguien que te despierte un gran y cálido afecto, alguien por el que te sientas aceptado, querido en todas tus facetas. Imagina y nota por unos instantes su presencia frente a ti del modo más vívido posible. (Recuerda que también puedes reconstruir una imagen de la naturaleza e incluso de una mascota. Lo importante es que realmente evoque en ti, de manera genuina, estas cualidades).*

- *Observa qué sientes en tu corazón, cómo está tu cuerpo mientras piensas en esta persona.*

- *Quizá surjan sentimientos de ternura, calidez y afecto. Si es así, mantenlos. Si no emerge un sentimiento específico, no te preocupes. Solo quédate con el pensamiento de tu ser querido. Mantén esta imagen y estas sensaciones en tu mente.*

- *Repite en silencio las siguientes frases y aspiraciones de amor bondadoso. Sin prisa, dejando que su intención y su emoción resuenen dentro de ti:*
  > *Que seas feliz.*
  > *Que estés libre de sufrimiento.*
  > *Que tengas salud.*
  > *Que encuentres paz y alegría.*

- *Renueva la imagen y la intención, céntrate más intensamente en la resonancia de la calidez y el afecto que evocan y de nuevo repite las siguientes afirmaciones:*

> *Que seas feliz.*
> *Que estés libre de sufrimiento.*
> *Que tengas salud.*
> *Que encuentres paz y alegría.*

- *Refresca tus pensamientos respecto al ser querido o la imagen evocada y permite por unos momentos que sigan, en el silencio, permeando tu mente y tu cuerpo.*

- *A continuación, imagina que una luz cálida, que contiene todos tus sentimientos de amor y conexión, emerge del centro de tu corazón. Mientras espiras, esta luz toca a tu ser querido para brindarle paz y felicidad.*

- *Repite una vez más en silencio las frases a la vez que imaginas que lo tocas con tu luz:*

> *Que seas feliz.*
> *Que estés libre de sufrimiento.*
> *Que tengas salud.*
> *Que encuentres paz y alegría.*

- *Ahora alégrate, deja que resuene en ti la emoción que traen el pensamiento en tu ser querido y el deseo genuino de felicidad para él.*

- *Mantente en ese estado de regocijo por unos instantes.*

MEDITACIÓN 2: MEDITACIÓN DE LA COMPASIÓN

- *Siéntate en tu postura habitual de meditación. Recuerda que debe ser una postura relajada y a la vez erguida, que te permita estar atento a lo largo de la práctica.*

- *Haz tres respiraciones profundas, inspira hasta llenar completamente tu abdomen y espira con suavidad.*

- *Descansa unos minutos en la atención plena a tu respiración (puedes elegir aquella práctica de mindfulness con la que hayas avanzado más para asegurar una mayor estabilidad en tu mente).*

- *Te invito a evocar en tu mente la imagen o el recuerdo de alguien que te despierte un gran y cálido afecto. Observa qué sientes en tu corazón, cómo está tu cuerpo, mientras piensas en esta persona.*

- *Ahora piensa en algún momento en el que este ser querido estuviese atravesando una dificultad, una enfermedad o una situación de estrés o crisis que le generase sufrimiento. Trata de imaginar cómo se siente.*

- *Observa los sentimientos que afloran en ti mientras piensas en su sufrimiento. Tal vez tengas una sensación dolorosa en el corazón, una incomodidad interna, y surja en ti la urgente necesidad de ayudar. Quizá emerja en ti de forma natural la fuerza de la compasión.*

- *Luego, mientras imaginas el sufrimiento de esta persona, ofrece en silencio las siguientes aspiraciones:*

> *Ojalá estés libre de sufrimiento.*
> *Que estés libre de miedo y ansiedad.*
> *Que encuentres paz y seguridad.*

- *Repite esta práctica durante un tiempo, sin olvidarte de regular la respiración y sin perder la concentración en la visualización.*

- *Y, una vez más, di en silencio las siguientes frases:*

> *Ojalá estés libre de sufrimiento.*
> *Que estés libre de miedo y ansiedad.*
> *Que encuentres paz y seguridad.*

- *Imagina que una luz cálida, que contiene todos tus sentimientos de amor y deseos de que este ser querido deje atrás el sufrimiento, emerge del centro de tu corazón y, al espirar, lo toca para aliviar su padecimiento llevándole paz, amor y serenidad.*

- *Repite en silencio las frases, a la vez que imaginas que lo tocas con tu luz y le mandas tus deseos de que se libere del sufrimiento:*

    Ojalá estés libre de sufrimiento.
    Que estés libre de miedo y ansiedad.
    Que encuentres la paz y la seguridad.

- *Deja que las sensaciones evocadas y sentidas se amplíen y vayan transformando tu mente y brindando más espaciosidad y serenidad a tu cuerpo. Siente cómo todo ese sufrimiento desaparece y restablece un profundo y sereno bienestar.*

- *Mantente en ese estado de calma y compasión por unos instantes.*

MEDITACIÓN 3: MEDITACIÓN DE LA AUTOCOMPASIÓN

- *Siéntate en tu postura habitual de meditación. Recuerda que debe ser una postura relajada y a la vez erguida, que te permita estar atento a lo largo de la práctica.*

- *Haz tres respiraciones profundas, inspira hasta llenar completamente tu abdomen y espira con suavidad.*

- *Descansa unos minutos en la atención plena a tu respiración (puedes elegir aquella práctica de mindfulness con la que hayas avanzado más para asegurar una mayor estabilidad en tu mente).*

- *Te invito a evocar en tu mente una situación en la que estuvieses experimentando dificultad, estrés, una crisis o cualquier evento que te generara sufrimiento. Intenta no focalizarte en una situación que esté cargada de emociones intensas, ya que podría ser contraproducente, pero tampoco en algo que carezca completamente de ellas.*

- *Descansa tu cuerpo y tu mente en la calma de tu respiración fluida y rítmica. Tal vez requieras la ayuda de la imagen de un lugar seguro y feliz para ti. En este caso está bien usarla como imagen reguladora y tranquilizante, a la vez que respiras y centras tu atención en la relajación y serenidad de tu mente y tu cuerpo.*

- *Abre tu mente compasiva y todas las experiencias sensoriales que este gesto trae consigo. Y evoca con delicadeza esa situación problemática para ti. Durante unos instantes obsérvate a ti mismo desde la perspectiva de la mente compasiva.*

- *Experimenta ese amor y el deseo genuino de aliviar tu sufrimiento, llevando tu atención hacia el anhelo de reconducirte al bienestar, de repararte, de aliviarte.*

- *Resuena empáticamente contigo mismo. Sabes que tienes la capacidad de tolerar y contener la angustia.*

- *Obsérvate en la situación libre de juicio y lleno de calidez, ternura, amabilidad y conexión.*

- *Ofrécete ese amor que te contiene y te consuela, te abraza. Ofrécetelo junto a las siguientes aspiraciones:*

  > *Sé que es un momento de dificultad.*
  > *Ojalá pueda aliviar mi sufrimiento.*
  > *Que pueda encontrar la paz y la alegría.*
  > *Que esté libre de miedo y ansiedad.*
  > *Ojalá encuentre la seguridad y el amor que merezco.*

- *Repite esta práctica durante un tiempo, sin olvidarte de regular tu respiración y sin perder la concentración en la visualización y la apertura de tu mente compasiva.*

- *Y, una vez más, di en silencio las siguientes aspiraciones:*

  Sé que es un momento de dificultad.
  Ojalá pueda aliviar mi sufrimiento.
  Que pueda encontrar la paz y la alegría.
  Que esté libre de miedo y ansiedad.
  Ojalá encuentre la seguridad y el amor que merezco.

- *Observa los sentimientos que afloran en ti mientras te ofreces estos gestos compasivos. Quizá puedas sentir calidez, conexión, amor. Sea cual sea la sensación, dale la bienvenida y deja que permee tu corazón. Siente cómo todo ese sufrimiento desaparece y restablece un profundo y sereno bienestar.*

- *Deja que estas sensaciones evocadas y sentidas se amplíen y vayan transformando tu mente, brindando más espaciosidad y serenidad a tu cuerpo.*

- *Mantente en ese estado de calma y compasión por unos instantes.*

9

La meditación analítica: el poder de la sabiduría

> Mil voces que hablaban en el silencio de la noche. Personajes que se encargaban de capitanearla. Trampas y engaños para no salir de ella. Y, sin embargo, una luz siempre a la espera. Una llama de conciencia, de silencio y de calma.

La meditación vipassana pertenece a la familia de meditaciones llamadas analíticas, una serie de meditaciones cuyo principal objetivo es adquirir comprensión y sabiduría. Estas prácticas conducen a una indagación que nos permite deconstruir y analizar nuestra percepción de la realidad. Con ellas nos adentramos en el descubrimiento de nosotros mismos y la fascinación por empezar a entendernos desde otro ángulo, desde una perspectiva más allá de la dualidad en la que fraccionamos nuestro mundo.

Resulta complejo, pero ¿cómo podríamos avanzar sin conocernos? ¿Cómo podríamos avanzar si no nos cuestionamos?

«No podía reconocer mis errores porque ni tan siquiera pensaba que estuviera cometiendo alguno. He pasado gran parte de mi vida culpando a mi entorno de todo. He sido infeliz y no me daba cuenta de lo que hacía yo para perpetuar este estado». Julián tenía un autoconcepto y unos esquemas mentales tan rígidos que nunca se paró a preguntarse si podría contemplar la vida desde otro punto de vista, a pensar que quizá sería todo más sencillo si aprendiera a observar e interpretar la realidad de un modo diferente. Al contrario, su empeño en que fuera el mundo el que entendiera la realidad tal y como él la veía lo condujo a ejercer un control extremo, a una agresividad aguda y a largos días de soledad. «No soportaba ya a nadie y tiranizaba mis relaciones. Estaba demasiado alterado y no lo podía ver. Hasta que mis excesos frenaron mi cuerpo, me llevaron a la deriva de la soledad. Mi mirada dejó de brillar porque me convertí en una sombra. Ahora sé que esa forma de comportarme, que esa mirada hacia el mundo y mis relaciones era solo la de un personaje que tuve que interpretar para gritarle al mundo mi desesperanza. No supe pedir ayuda, no supe abrir mi corazón y me endurecí demasiado. Un personaje que interpreté muy torpemente en una etapa de mi vida para pedir amor y reconocimiento, pero justo desde el lado contrario. Viví en el extremo, en el opuesto. Una huida hacia delante en la que solo encontré lo que estaba intentando no ver. Sé que necesito y quiero reconciliarme con el mundo. Y esto sí depende de mí».

La dureza de Julián con el mundo era la misma con la que él vivía, encerrado en la rigidez de sus esquemas y petrificado por la muralla que levantó a su alrededor. Sin embargo, cuando nos conocimos tras su primer ataque de pánico, sumido en su vulnerabilidad y sintiéndose escuchado, visto, sentido y atendido, sin juicio, sin etiquetas, Julián se pudo experimentar a sí mismo sin la máscara de su personaje. Pudo llorar, expresar su miedo, su necesidad de no sentirse solo. Averiguó que bajo el disfraz que había llevado puesto durante tanto tiempo había un niño esperando a ser descubierto en todo su potencial, pero al que el ego le impedía crecer. Se cristalizó tanto que se sobreidentificó con él. Se alejó de su esencia, de la flexibilidad, del contacto genuino con su necesidad y con sus emociones y, por supuesto, de los demás. Terminó sumido en un engaño que usaba para justificar su mapa, para decir: «Es el mundo el que no me entiende, son ellos los que deberían cambiar. Yo estoy bien. Tengo razón». Y sufría atenazado por esta rigidez que no le permitía ajustarse a su entorno. Se identificó demasiado con el personaje y no pudo escapar de él, no podía ver nada con otros ojos.

¿Cómo escapar de este círculo vicioso en el que el ego ha aprendido a desenvolverse desde un mismo lugar?

¿Cómo llegar a lugares nuevos si estamos dando vueltas?

¿Tanto nos atrapa el egocentrismo que no nos deja explorar la realidad más allá de su sesgada perspectiva?

LA COMPRENSIÓN Y LA SABIDURÍA EN VIPASSANA

¿Qué es el ser? ¿Cuál es la esencia de la mente? Existen muchas preguntas sin una respuesta objetiva. Navegar en la profundidad de nuestra mente es indagar desde la subjetividad y la dualidad sujeto-objeto, convertir nuestra mente en objeto de observación por una conciencia sujeto que indaga, no perderse en interpretaciones que aten a nuestra mente, que la condicionen, sino que se encuentre a sí misma hasta que la separación sujeto-objeto desaparezca.

Aceptar que no tenemos respuestas, que las desconoce-
mos o que nos equivocamos al interpretarlas es uno de los
retos del ego. Este invierte demasiado tiempo y energía en
demostrar cuánto sabe, cuánta razón tiene y lo bien que discurre, hasta que te dirige hacia donde considera adecuado
para ti. No te lo pondrá fácil para que lo desmontes, lo relativices y lo lleves a un lugar más complejo para él: el no saber,
la vacuidad. El ego huye de este encuentro por el vértigo que
le produce la incertidumbre, la sensación de desaparecer, de
dejar de existir. Tiene miedo al vacío, a la muerte, al no saber.
Contemplar para comprender la correcta realización de la naturaleza de los fenómenos es una de las meditaciones más im-
portantes para adquirir sabiduría. La meditación vipassana
nos muestra el camino para responder estas preguntas y desarrollar una comprensión profunda e intuitiva de la realidad.

   ¿Cuál es la relación entre el sujeto (yo) y el objeto (men-
te/cuerpo/entorno)? Observar e indagar, sin hacer interpretaciones, es una de las funciones de la práctica vipassana para
entender la complejidad de la realidad y que esta no existe de
forma absoluta. Todo cuanto percibimos es relativo, todo
cuanto pensamos es relativo. La indagación sobre la deconstrucción del ego es la que nos acerca a la verdad, sin conceptos. Contemplar el ego más allá de su rigidez, acercarnos a
sus múltiples variantes, a sus personajes y su relatividad nos
puede hacer más sabios.

   En la continua interacción con el entorno nos transformamos. A cada instante somos distintos. Sin embargo, conser-
vamos una estructura que nos define, una caracterología. Utilizamos un código común en el que nos definimos, entendemos y
nos entendemos, pero ¿qué encontramos más allá de él? Cuan-

do atravesamos el concepto, ¿qué queda después de su significado? Te invito a descubrir tus propias respuestas, a conocer
cómo funcionan el ego y su trama, y cómo la mente en su espaciosidad abarca un continuo de conciencia no conceptual.
Te invito a contemplar sin tener en cuenta la etiqueta. Porque
¿de qué nos sirve conocer el significado de las cosas si su interpretación nos ciega? Te invito a aprender a observar, desvelar
la verdad bajo los agregados, bajo los condicionamientos del
ego, del contexto y de la cultura. **Descubrir la subjetividad y
sus errores de interpretación. Aprender a observar la realidad
profunda, la sabiduría del entendimiento humano.**

La enfermedad de la rigidez

La rigidez encerraba a Julián en un mundo lleno de pensamientos irracionales y esquemas no adaptativos, unas distorsiones cognitivas que escondían el miedo a perder el estatus,
a perder el control. En un mundo en el que la baja autoestima le hacía pensar que solo sería válido si se mostraba como
líder autoritario, si lo reconocían y lo respetaban. En un cul-
to al ego que terminó por devorar su esencia.

Julián competía por todo, hasta por ser el que mejor in-
vertía sus vacaciones y su tiempo libre, el que mejor coche
tenía y el que más disfrutaba de restaurantes caros. Era el
que más entendía de todo, hasta que descubrió que no entendía de nada. Tras su ataque de pánico, nuestro encuentro
fue casual. Recuerdo que se acercó a comentarme que quería
empezar a meditar para rendir más en su trabajo, ser más eficiente y que su mente fuera más fuerte. Le dije que no podría

satisfacer su deseo, que su objetivo escapaba a lo que yo entendía por meditación, pero que me encantaría meditar con él si simplemente aceptaba meditar. «Te invito a descubrir la meditación sin más. Solo como un tiempo para estar contigo, ¿qué te parece?», le propuse.

Ahora llevamos mucho tiempo practicando la meditación y haciendo psicoterapia. Se abrió rápidamente porque detectó una ranura en su estructura en la que se permitió soltar, mostrarse, desmontarse y volverse a montar de múltiples formas. Se permitió curiosear en las diferentes perspectivas, flexibilizar sus esquemas, cuestionarse sin miedo a desaparecer por no ser «el más». La ranura abierta por la cual podía mirar estaba tallada por su convencimiento e intención genuina de aliviar su sufrimiento, de querer entender qué era lo que le estaba sucediendo, qué estaba haciendo para ser infeliz. Quería mirar hacia dentro, indagar. Aunque su cara de perplejidad en los primeros encuentros expresaba su desconfianza, se dejó acariciar suavemente por el silencio.

En la práctica de la meditación indagamos, observamos con una perspectiva amplia y contemplamos para comprender. Comprender cómo funciona el ego, cómo somatizamos, cómo interactuamos con el entorno. Por qué respondemos de una determinada manera, cómo son nuestros vínculos, cómo son nuestros errores y cómo podemos adquirir mejores hábitos saludables. La mayoría de nuestros patrones de pensamiento, de emoción y de conducta están condicionados por experiencias pasadas. Cuando se manifiestan desajustados, distorsionados y dirigidos por las aflicciones nos conducen a una espiral de sufrimiento de la que es muy difícil salir si no los cuestionamos, si no los comprendemos para poder flexibilizarlos. Entender sus causas y condiciones es imprescindible para hacerlo, es fundamental adquirir la sabiduría que nos permita comprenderlos para hacer el ajuste adecuado. La salud mental está muy influida por nuestra capacidad de adaptación al entorno, por la flexibilidad mental, el entendimiento y la capacidad de tomar perspectiva para salir de los sesgos cognitivos. Sin embargo, invertimos más tiempo en la queja, en los reproches, las culpas, las frustraciones porque la vida «debería ser de otra manera», infinidad de proyecciones subjetivas, amalgamadas por el ego que vuelven a dejarnos en el mismo lugar. «No me debería haber pasado esto». «No me debería hablar de esta manera». «Tendría que ser así, tal y como yo digo». **La rigidez afectará negativamente a tu salud y a tu entorno.**

Ser capaces de observar lo que ocurre y adaptar nuestro funcionamiento para elaborar una mejor respuesta, tendente a la salud, requiere sabiduría. Un adecuado funcionamiento deviene de una adecuada exploración del mundo, interno y externo, de la contemplación de la interacción y de sus causas y condiciones. Si nos quedamos aferrados a nuestros esquemas rígidos y a los «debería», nos quedaremos en el mismo lugar de siempre, sin la posibilidad de reparar errores, sin la posibilidad de seguir asombrándonos para continuar creciendo y aprendiendo. Este mecanismo genera sufrimiento y nos enferma, lo somatizamos. La flexibilidad y la perspectiva, sin embargo, nos confieren fortaleza en el yo, sin aferramientos. Es un mecanismo que nos procura más bienestar y mejores relaciones interpersonales.

Asumir la responsabilidad individual de construir la totalidad social es la que nos conducirá al bienestar común, nos permitirá erradicar las raíces del sufrimiento. Nuestra forma de pensar y actuar tiene la potencialidad de sembrar sufrimiento o bienestar. Aprender a discernir si sembramos lo uno o lo otro desde el momento en el que lo hacemos, desde que lo gestamos en nuestra mente, es prevenir la chispa que enciende y activa la cadena reactiva de patrones disfuncionales. Existe una gran cantidad de factores que influyen en cada una de nuestras decisiones y opiniones y en nuestra visión del mundo. A pesar de que creamos que están construidas por nosotros, recibimos continuas influencias que transforman nuestra mente. Si no cuidamos de ellas, si no estamos atentos, no podremos alcanzar una visión profunda. Nuestro entendimiento navegará en las capas más superficiales de la interacción, de la forma primera y de la interpretación velada. Con estas prácticas de meditación pretendemos caminar integrando el yo y el entorno de la forma más satisfactoria y en beneficio de todos. Iniciar el camino de comprender profundamente al ser.

«Es que tienen que entender que yo soy así. No puedo hacer nada para cambiar». Esta afirmación es errónea, todos podemos cambiar, nada es inmutable. Es la rigidez con la que cristalizamos el ego la que nos lleva a una percepción absolutista de nosotros mismos y de la realidad que observamos. Nos identificamos con un personaje y hacemos de él la totalidad. Pero solo es una forma de mostrarte y responder, solo es un condicionamiento. Poder relativizarlo, desestructurar esquemas, deconstruir agregados, contemplar los sesgos y las heridas es confiar en la potencialidad de la salud. Sin embargo, esperar a que el mundo se ajuste a nuestros parámetros causará frustración e incrementará el sufrimiento. La continua proyección de expectativas rígidas creará una relación disfuncional con el entorno. La vida requiere ajustes constantes.

Podemos movernos, adaptarnos y transformarnos. Los fenómenos que se suceden en el flujo de la conciencia son un continuo mental en el que podemos intervenir, fusionándonos y reaccionando intensamente con ellos o dejándolos ir. Aprender a observar la experiencia interna (cómo estoy, qué es lo que necesito) y externa (cuál es la realidad en este momento) desde otra perspectiva, sin juzgarla, sin interpretarla, solo con curiosidad y apertura, nos hace menos reactivos. Acercarnos a conocerla en profundidad requiere el análisis de los velos de nuestro ego, de las capas ocultas por las aflicciones y confusiones que nos genera, de los patrones rígidos y todas las creencias que la sustentan. Relativizar nuestro mundo interno para no darle la solidez y la categoría de inamovible es fundamental para realizar un ajuste creativo. Un ajuste que necesita la confianza y la entrega al momento presente. Disolver por unos instantes la cristalización, para poder absorber lo necesario de la experiencia. Un continuo movimiento de la experiencia interna y externa en interacción, gracias a la cual cambiamos, aprendemos, asimilamos y luego integramos aquella parte que nos ha sido de utilidad. Así creamos, construimos y crecemos.

Por el contrario, encerrarnos en la rigidez es caminar pesados. No hay posibilidad de fluidez en el intercambio porque no existe un contacto sano con ambas experiencias (interna y externa). Frente a la confianza y la apertura, este mecanismo requiere un control (ilusorio) para que nada trunque «tu realidad», hecho que nos lleva a una frustración, una tensión y un malestar que, tanto si somos conscientes de ellos como si no, van dejando residuo en nuestra mente y en nuestro cuerpo. Las expectativas «deben» cumplirse, y esto nos lleva en dirección al sufrimiento. El egocentrismo, en su función conservadora del ego, empezará a negar y rechazar la realidad que no coincida con su esquema predeterminado y buscará solo aquella parte que sí coincida para autoconfirmarse. Y en este punto, nuestro mundo interno empieza a estar velado y contaminado por los sesgos y autoengaños, que, si no miramos detenidamente, pueden llegar a cegarnos. Empezamos a ver solo la «película» que deseamos ver para confirmar nuestros esquemas. Dejamos de lado la relatividad, las diferentes perspectivas, la escucha atenta, la curiosidad y el asombro ante cada nueva experiencia. Dejamos de ver novedad, solo vemos repetición. No hay aprendizaje ni crecimiento tendente a la salud. No hay ajustes creativos, sino ajustes demasiado conservadores.

Cuestionarse no es fácil, el ego lo toma como una falta de reconocimiento a su saber. Sin embargo, es lo que nos permite crecer, cultivar una mente sabia que contempla diferentes perspectivas, empática. Nos permite seguir expandiendo las fronteras de nuestra mente para ofrecerle más espacio, para avanzar en el aprendizaje. Cuánto nos ata el miedo, y qué libres nos hacen la confianza, el amor y la sabiduría.

Deconstruir y analizar la realidad interna y externa nos ayuda a recuperar la libertad y la flexibilidad de nuestra mente, a realizar los ajustes creativos, funcionales y adaptativos necesarios para alcanzar el bienestar. Nos brinda una armonía sistémica facilitada por el cultivo de la sabiduría. Un análisis que nos permite salir de la confusión del ego porque nos entrena en la ecuanimidad, en la observación curiosa sin juicio y en el discernimiento de lo que es biopositivo y de lo que es bionegativo. Es fundamental estar atentos, conocernos, contemplar las dinámicas en las que nos relacionamos constantemente: influencias del contexto, de las relaciones y de las circunstancias que devienen en el presente, nuestros condicionamientos pasados, la introyección de mensajes desde niños, nuestros prejuicios, las creencias limitantes y sesgadas, nuestros vínculos y apegos. Todo interactúa a cada instante y es preciso rescatar la mejor forma del momento, libre de toxicidades. Y esto requiere una mente abierta, receptiva, flexible: sabia. **Aprender de la relatividad de los fenómenos internos y externos, de su impermanencia, del continuo cambio y asumir la responsabilidad de cómo te posicionas frente a ellos. La responsabilidad de la forma que le das a tu presente.**

Ante un suceso que te impactó, te invito a reflexionar mediante las siguientes preguntas.

FICHA DE TRABAJO

Contemplaciones para flexibilizar la posición elegida ante los sucesos

- ¿Con qué interpretación te quedas?
- ¿Cuál es el estímulo disparador de la cadena reactiva?
- ¿Qué condicionantes existen?
- ¿Puedes ver a través de ellos para descubrir una nueva perspectiva?

Muchas veces, para reconstruir nuestras partes rotas, para abrazar nuestra vulnerabilidad y sostenernos en la serenidad y el amor, necesitamos flexibilizar nuestro modelo interno disfuncional, aceptar nuestros errores, integrar y hablar con nuestros personajes internos y nuestras experiencias pasadas, y con ello rescatar nuestras fortalezas y desarrollar nuestro potencial de crecimiento. Cultivar la flexibilidad necesaria para crear ajustes adaptativos, restablecer el contacto, confiar, ofrecernos un espacio seguro en la mente donde deconstruir nuestros esquemas, deconstruir nuestro ego y volver a construirlo con el cuidado de las heridas atendidas, los errores perdonados, reconocidos en los diferentes personajes integrados y en la valentía de ser en el encuentro presente. Aceptar la realidad para ajustarnos funcionalmente, sin la sensación de desestructurarnos, sino con la fuerza y la seguridad de toda nuestra estructura en armonía hacia la salud. Sin la cristalización rígida que nos impida ser.

Cristalizar el ego para no rompernos

Cuando cristalizamos el ego en una identidad rígida e independiente queremos mantenerlo sin grietas que puedan romperlo. Nos identificamos tanto con él que sentimos que si se agrietara nos rompería también a nosotros. En esta dinámica conservadora, el ego intenta hacerse cada vez más grande e intocable. Y para ello se arma con un batallón de argumentos, interpretaciones y visiones que el egocentrismo guarda, acumula y amalgama para seguir sosteniéndolo y agrandándolo. Cualquier visión que pueda dañarlo o empequeñecerlo será expulsada para que no amenace su existencia. De esta manera, el egocentrismo siente que todo cuanto ocurre gira alrededor del ego y, por tanto, tiene el poder de acabar con él o de hacerlo grande y majestuoso. Y se erige como un fiel guardián. Todo lo interpreta en relación con el yo, todo lo que ocurre va en contra o a favor de él, por lo que empieza a actuar según parámetros inflexibles y a aumentar sus defensas. Pero el mundo no se construye para ti, tú solo lo percibes y lo interpretas. A tu manera.

Comprender nuestra particular y subjetiva construcción del mundo y estar pendientes de ella para que no nos dañe requiere un discernimiento sabio que incorpore una contemplación con perspectiva, una construcción viva, creativa y tendente al bienestar de los ajustes al mundo. **Necesitamos tener al ego como aliado y no como rey dictador disfuncional, criticón o exigente.** Necesitamos adaptar y ajustar nuestras respuestas al entorno, en un continuo de interacción, manifestarnos en el presente como proceso y no como una forma rígida predeterminada que pondrá tanto sesgo que nos impedirá ver lo que realmente sucede. Para adaptarnos, para atender a nuestra necesidad y la del entorno. Para no perdernos.

Somos el resultado de las historias que nos contamos

De la misma manera que nuestra mente está en continua interacción con nuestro cuerpo y responde a sus impulsos y sensaciones físicas, responde también a la continua interacción con el entorno. Nuestra percepción está directamente sesgada por interpretaciones y formas de observar subjetivas. Nos afecta todo cuanto acontece. Y a la inversa: nuestras respuestas, recreaciones mentales y emociones afectan a nuestro cuerpo y condicionan nuestras relaciones. La interacción entre el organismo y el entorno es continua. Nos movemos en un flujo constante de estímulos y respuestas que vamos haciendo que se condicionen entre ellos y vamos operando con nuestros pensamientos, interpretaciones y también sesgos. La importancia de este entrenamiento de la meditación es desarrollar la habilidad de observar todo este movimiento: interacciones, procesos en curso, creación de nuevas formas, situaciones, relaciones. No terminamos ninguna interacción siendo los mismos, ni dejamos el mundo igual. Todo se mueve y cambia.

Inmersos en esta continua transformación, guardamos en nuestro interior relatos, escenas e imágenes que unifican el movimiento alrededor de un sentido, de una historia. A lo largo de nuestra vida vamos amalgamando historias, comentarios, descripciones del mundo y de nosotros mismos que van conformando las distintas visiones e interpretaciones de nuestra identidad, el mundo y su particular funcionamiento. Desarrollamos una visión egocéntrica que nos ayuda a diseñar un esquema mental para sabernos ubicados y poder relacionarnos satisfactoriamente. Y esta es la función sana del ego y el egocentrismo: establecer una construcción dinámica y con sentido que nos ofrezca seguridad y estabilidad. El problema viene cuando dejamos de explorar, de ver nuevas perspectivas, de cuestionar viejos esquemas que han quedado obsoletos. Mantener nuestro sistema interno en un estado de conservación rígido nos hará sufrir, puesto que no tendrá la adaptabilidad suficiente para ser funcional. Y no porque en él haya nada intrínsecamente malo, sino porque para poder ser usado en este momento quizá requiere un ajuste.

En primer lugar, **relativizar nuestros esquemas es síntoma de salud mental**. El esquema no es más que el resumen de tus vivencias, tus aprendizajes y tus interpretaciones, y tiene una función adaptativa importante. Para sostener su funcionalidad en el tiempo requiere ajustes y revisiones continuas, una constante interacción con nuestras experiencias; necesitamos seguir observando curiosos, indagando y volviéndonos a ajustar. ¿Qué estímulos selecciona nuestra percepción? ¿Qué rescato de mi experiencia? ¿Qué interpretación subjetiva guardo de ellos en mi memoria? La respuesta a estas preguntas es lo que irá predeterminando los futuros esquemas. Somos el resultado de las historias que nos contamos, que recreamos y que evocamos en nuestra mente, de los estímulos e interpretaciones con las que nos quedamos.

Desarrollar y entrenar la visión profunda nos ayuda a darnos cuenta de todo este proceso. **De cómo construimos la realidad, cómo vamos dando forma al ego y qué decidimos hacer con esto.** De con qué nos quedamos y qué descartamos (y para qué).

FICHA DE TRABAJO

Contemplaciones sobre cómo construyo la realidad

De los miles de formas posibles que existen para pensar o actuar en esta situación:

- ¿Cuál elijo?
- ¿Para qué la elijo?
- ¿Sigue siendo funcional y adaptativa hacia la salud y el bienestar?
- ¿A largo plazo seguirá siendo una elección saludable o me traerá problemas?
- ¿Estoy cayendo en la trampa del ego, velando mi visión por el imán del egocentrismo?
- ¿Mi interpretación es confusa por la intensidad de la aflicción que ahora gobierna mi visión?

Deconstruir para volver a construir, discernir para elegir, observar para curiosear, sintonizar para empatizar. Adoptar nuevas perspectivas para soltar el control y poder vivir en un proceso fluido de interacción.

En una segunda parte del entrenamiento, cuando gracias al mindfulness sostenemos la estabilidad de la atención, la calma y ecuanimidad, los impulsos y la reactividad disminuyen. Entonces, en el entrenamiento en flexibilidad mental, en el proceso de fluidez adaptativa, nos permitimos contemplar la realidad subyacente a todos los fenómenos. Observar sin juzgar los errores y sesgos cognitivos, los velos que se forman debido a la rigidez del ego y las limitaciones de nuestra percepción. Sin miedo a desaparecer en la «no identidad», el ego abandona más fácilmente su encorsetamiento, y descubrimos la espaciosidad de la conciencia. Entonces comprendemos que, pese a que no les prestemos atención, coexisten multitud de factores interactuando fuera de nuestro control y accionando en nosotros diferentes mecanismos de defensa y patrones condicionados. Solo mediante el contacto activo, la observación ecuánime y la aceptación podemos asumir la responsabilidad de elegir cómo queremos responder ante lo que ocurre. Qué ponemos en el entorno, qué patrón elegimos para relacionarnos y qué es lo que tomamos del otro o del entorno, con qué nos quedamos.

El ego nos entretiene en cavilaciones, preocupaciones y escenarios diseñados por él mismo, dejando poco espacio para la fluidez y la creación espontánea con el instante presente. Prefiere la conservación del montaje fantaseado al riesgo de dejarse fusionar con el entorno para transformarse.

Pero crecer implica estar «en contacto con» y asumir la responsabilidad del resultado final de la interacción.

FICHA DE TRABAJO

Contemplaciones. El proceso de contacto

- ¿Establecemos un contacto disfuncional que genera más sufrimiento?
- ¿Permanecemos en un contacto rígido en el que proyectamos una y otra vez la misma realidad sin percatarnos que ha cambiado?
- ¿Realizamos las mismas acciones porque pensamos siempre las mismas cosas?
- ¿Caemos en los mismos errores porque no asumimos que estamos errando?
- ¿Caemos en el sufrimiento de un mundo que no nos gusta para no ver lo que nosotros ponemos?

Estabilidad - espaciosidad - relajación

Las aflicciones son peligrosas cuando nos absorben y conquistan nuestro mundo interno. En el caso de Julián, era el miedo quien llevaba el timón y quien le generaba una serie de afirmaciones absolutistas sobre lo que sucedía. Todas ellas eran la mera justificación de su ego afligido por el miedo. Esto, indudablemente, lo llevaba a perder autoestima y a determinados patrones disfuncionales, tales como la crítica, la envidia y la ira, que lo hacían actuar todos de una manera parecida.

Deconstruir nuestra realidad subjetiva, darnos cuenta

de la confusión y los enredos, nos sirve para conocer cómo nos proyectamos en el mundo y cómo son las trampas que nuestro egocentrismo crea alrededor de las interpretaciones. Entrenar nuestro discernimiento y desarrollar la sabiduría nos permitirá conocer los diferentes ajustes desadaptativos que nos conducen a incrementar y perpetuar el sufrimiento para reconducirlos y guiarnos hacia la armonía del bienestar.

Te invito a la reflexión de las siguientes cuestiones:

FICHA DE TRABAJO

Contemplaciones. Indagación sobre las respuestas en el proceso de contacto

- ¿Qué sucede si contemplas que no sabes nada?
- ¿Explorar es abandonar tus principios o es seguir indagando para adquirir mayor sabiduría?
- ¿Qué te impide parar a revisar tus esquemas?
- ¿Qué implica asumir la responsabilidad de tus errores y del cambio de tus guiones de vida?
- ¿Por qué pensamos que esto es malo o bueno?

Si hay algo que no te gusta, revisa cómo participas en ello:

- ¿Sumas o restas?
- ¿Añades sufrimiento o bienestar?
- ¿Dejas la situación, o a la persona, mejor de lo que la encontraste?
- ¿Es realmente beneficioso a largo plazo o solo es un engaño del placer o egocentrismo a corto plazo?

¿Por qué preferimos quedarnos en la queja, en el reproche, en el ciclo continuo del sufrimiento en vez de invertir nuestros esfuerzos en seguir aprendiendo sobre nosotros mismos y continuar mejorándonos y mejorando el mundo que nos rodea? ¿Por comodidad? ¿Por ignorancia? ¿Por culpa de los sesgos? ¿Por la influencia cultural? Sea como sea, la sabiduría puede ofrecerte una guía segura para salir del círculo vicioso en el que esté encerrado tu sufrimiento, pero primero has de conectar con tus verdaderas respuestas. Has de empezar por ser honesto contigo mismo. Solo a partir de la humildad de reconocer los errores y la falta de saber podemos seguir creciendo.

Al igual que no juzgamos a un bebé que tropieza y cae cuando está empezando a caminar, porque entendemos que su aprendizaje requiere un tiempo, unos ajustes, una maduración, un proceso de ensayo y error, es importante no juzgar nuestro crecimiento y desarrollo interior. Seguimos aprendiendo a caminar integrando nuestra psique, armonizándonos con nuestros valores y ajustándonos a las circunstancias. ¿Por qué no nos tratamos con la misma consideración? Al bebé le facilitamos los apoyos necesarios para que aprenda, para que se incorpore del gateo, lo esperamos cerca cuando da sus primeros pasos y al principio lo agarramos de la mano mientras camina, hasta que su esqueleto, su musculatura y su cerebro estén listos y emprenda la marcha solo. Cuando cae lo alentamos a que se levante. Continuamos dándole opciones y oportunidades, sin prisa. Animándolo con afecto y seguridad. ¿Por qué no actuamos del mismo modo a lo largo de todo el crecimiento psíquico? ¿Por qué esperamos conocerlo todo? ¿Quién nos dijo que al crecer íbamos a ser tan listos que no cometeríamos errores, que sabríamos funcionar en cualquier situación y con cualquier persona? Tenemos tanto que aprender, tanto en lo que indagar, tanto que conocer que el verdadero crecimiento solo puede nacer de este aspecto curioso, sin etiquetas, de la exploración fluida del entorno. Del afán de conocimiento, del asombro, de la inquietud. Porque a cada instante nos transformamos en nuestra absorción. Nos fusionamos por instantes y recogemos o rechazamos aquella información que necesitamos para completar la figura en la que nuestra mente está centrada.

«Ojalá pueda acompañarme a seguir creciendo sin tanto dolor. Quiero dejar de hacerme y hacer tanto daño». Cuando Julián deconstruyó su realidad, su ego le mostró que además de su personaje autoritario también tenía al niño bondadoso y compasivo que quería abrazarlo y acompañarlo a seguir creciendo. Las sesiones se conformaron como un espacio seguro en el que eran bienvenidos todos los personajes y voces del ego. Estas voces se sentaron junto a nosotros hasta que finalmente todas se reconciliaron. Fue cuestión de atender, escuchar, acompañar con amor y compasión. De elegir con sabiduría. **Cuando el proceso de contacto es dinámico, fluido y dirigido por la perspectiva ecuánime y una visión profunda y clara, podemos guiar nuestra nueva construcción de la realidad en una dirección saludable.** Una dirección que no genere más sufrimiento, sino que siembre las causas y condiciones que favorezcan el bienestar.

No caer en los extremos

La rigidez nos encierra en una coraza que nos impide estar en contacto con nosotros mismos, con nuestras necesidades y con el entorno. No nos deja fluir en la interacción presente, y entonces la abordamos de un modo predeterminado. Es un mecanismo que nos confina en un egocentrismo velado por las aflicciones que aumentará la espiral de sufrimiento. Y caemos, sin darnos cuenta, en nuestra propia trampa. En vez de revisar y ajustar nuestra visión, preferimos asfixiarnos encerrados en nuestra propia mente. Una mente flexible y sana requiere un continuo proceso de observación y análisis que nos permita seguir curioseando e indagando desde otras perspectivas. Requiere preguntar más que responder, escuchar más que hablar. La compulsión de llenar los vacíos es una mera inseguridad de la incertidumbre del no saber. Cuanto más grande la hagas, más dogmatismo, prepotencia, egoísmo y egocentrismo se alojará en tu mente. Exiges que el mundo cambie y se adapte a ti. Una fórmula llena de derrota que, al no detenerte ante el origen de dicha, sigue aumentando tu frustración, tu ira o tu insatisfacción. La ignorancia te convierte en enemigo. La sabiduría y la compasión, en un gran aliado.

Entrenar la comprensión y la sabiduría es construir una mente flexible, analítica, una mente que se detiene, curiosa y abierta, a comprender una visión más profunda del ser, de la realidad, de la interacción del todo y la nada. Es construir una mente que sabe responder sabiamente y ser sensible a otros puntos de vista, fundamentos y creencias, aunque no los comparta. Que sabe sostenerse en el vacío de la incertidumbre. Una mente que incluye a los demás. Con humildad, sin la vanidad de saberlo todo.

Cuando hay miedo, el ego se resiste al cambio y se aferra a la cristalización de muchos conceptos y entidades que van a su favor y genera aversión por lo que va en su contra y puede llevarlo a un cambio. A partir de ahí, recogerá todos los mensajes que considere que sintonizan con él (mensajes que denominamos «egosintónicos») y rechazará los que no lo hagan (mensajes que denominamos «egodistónicos»), creando miles y miles de argumentos para justificarse y produciendo un sinfín de cavilaciones para conseguirlo. De esta manera se retroalimenta. De esta manera permanecemos atrapados en el mismo lugar. El egocentrismo empieza a ser el prisionero de nuestra propia argumentación. Tratando de no sufrir, nos quedamos aprisionados en él.

Si queremos ser felices y cultivar el bienestar en nuestra vida necesitamos profundizar en el funcionamiento de nuestra mente y conocer su potencialidad para salir de la rígida identificación con el ego y el aferramiento a sus patrones. Reconocer nuestras limitaciones para seguir sembrando virtud en nuestra vida. La virtud es el resultado de la sabiduría, su manifestación. El entrenamiento mental la fortalece. Vivimos en un mundo complejo, en una mente compleja difícil de entender. Si no le dedicamos tiempo, si no invertimos en su cuidado, será difícil mantenerla en equilibrio. **El bienestar no es algo que llega, es algo que se construye constantemente.** Requiere conocimiento y sabiduría.

Cuidar de tu futuro yo

Es fundamental adquirir un compromiso con nuestra vida, con nuestro «yo futuro». Muchas veces, para evitar sufrir, nos aislamos de los demás, huimos de diferentes situaciones, repetimos patrones defensivos desajustados, y a la vez nos alejamos de nosotros mismos. Son actuaciones que, realizadas una y otra vez con el paso del tiempo, van condicionando patrones disfuncionales que aumentan el sufrimiento y desarrollan personajes internos dañinos y estados aflictivos. Y este es un gesto poco amoroso y compasivo. Necesitamos el apoyo de nuestra conducta para eliminar lo tóxico y desarrollar lo virtuoso, aprender a sembrar hoy nuestro bienestar presente y futuro, no perdernos en la confusión, el caos o la rigidez de nuestra mente, sino guiarnos hacia la integración y el equilibrio. La sabiduría de la visión profunda y del entendimiento de nuestra mente y todos nuestros patrones nos confiere una nueva perspectiva con la que movernos y llegar a transformarnos.

La contemplación es una de las herramientas que nos facilita este proceso de entrenamiento. Esta técnica es la que nos permite sostener una idea en la mente, observar lo que surge y sus eslabones, observar cómo funciona la mente, cómo interactúo con lo que sucede. Es un proceso de descubrimiento en el que favorecemos la indagación, la curiosidad y el discernimiento, y aprendemos a prestar atención a los procesos mentales e indagar sobre el filtro que el ego interpone entre la realidad y tu percepción. Siempre habrá filtros, y siempre podemos pararnos a revisarlos para que no sean tóxicos ni dañinos, pararnos a entender el círculo de gravedad egocéntrico, un torbellino autorreferente que impide nuestro crecimiento y desarrollo saludable. El crecimiento requiere que contemplemos todos los aspectos con ecuanimidad, sin aferramiento ni aversión. Mediante una integración saludable y tendente al bienestar:

FASES DE LA INTEGRACIÓN CON TENDENCIA AL BIENESTAR
OBSERVAR
CONECTAR
EVALUAR
DISCERNIR
ELEGIR
INTERACCIONAR
FLUIR
INTEGRAR

Permite que surja la confianza de ser en el entorno, con el otro, y descúbrete ahí

Crear un lugar seguro en el que desarrollar nuestro potencial, un lugar seguro para nosotros mismos. Estar atentos a la experiencia en el instante en el que se crea, observar con curiosidad, sin juicio, conectados al presente para poder analizarlo y discernir la mejor respuesta, elegir la mejor interacción para un óptimo encuentro. Crear un lugar seguro en el que encontrarse, poder diferenciarse, compartir, discutir, pero siempre desde la perspectiva que nos permita salir ganando a todos.

Crear un estado de cuidado, protección y seguridad para ti y para el otro será crucial si queremos compartir y crecer. Ser un lugar seguro es mucho mejor que exigirnos ser perfectos. Nos permite reparar las relaciones y atender nuestras necesidades, miedos e inseguridades. Actuar de forma virtuosa requiere mucha atención y contemplación, saber elegir lejos de la reactividad y de los extremos, estar presentes en la situación para integrarla y realizar el mejor ajuste posible. Necesitamos que nuestras acciones acompañen nuestra práctica para lograr la transformación y el cambio profundo y asimilarlos. No basta con contemplar y meditar formalmente, sino que debemos erradicar las causas del sufrimiento, hacernos responsables de cómo las creamos o cómo las eliminamos, tanto en nuestra mente como en nuestras acciones. Es preciso que nos entreguemos a la vida con la serenidad y el equilibrio que nos confiera la confianza para navegar en ella sin miedo, porque no nos distraemos, sino que nos atendemos, decidimos, nos comprometemos y asumimos la responsabilidad de guiarnos y actuar hacia la dirección del bienestar.

Una vez que podemos desidentificarnos de nuestros pensamientos para verlos como lo que son, simplemente pensamientos, nos liberamos de ser esclavos de ellos, de sentirnos limitados por ellos. Cuando los pensamientos son negativos, rígidos y absolutistas nos hacen sufrir y crean escenarios angustiosos que nos generan miedo y ansiedad. Observarlos sin reactividad, con perspectiva y curiosidad, nos ayuda a tratarlos solo como eventos mentales, que es lo que son. Los pensamientos no son realidades, no son hechos que nos están sucediendo aquí y ahora. Sin embargo, cuando nos fusionamos con ellos lo creemos de este modo. No distinguimos y nos dejamos confundir por ellos.

Y así vamos construyendo diálogos y realidades internas. Escenarios subjetivos dirigidos por el estado emocional que nos gobierna en el momento. **Si no tomamos la perspectiva suficiente, puede que terminemos dentro de una trama llena de conclusiones erradas y decisiones precipitadas.** Y con «erradas» me refiero a disfuncionales, que no permiten una respuesta adaptativa que nos impulse al bienestar y a la armonía del sistema. Y son precipitadas porque no usamos el discernimiento, la reflexión o la evaluación con los que podríamos ser conscientes de si esta decisión seguirá siendo beneficiosa para nosotros y los demás a largo plazo, de si causará más beneficio que sufrimiento.

Puedes entender la complejidad de la mente para simplificar la vida. Encontrarte, sirviéndote de la sabiduría, para que puedas relacionarte contigo y con el mundo de una forma distinta: sana y libre de sufrimiento y de sus causas. Es en este punto, en la simplicidad del instante presente, donde surge la espontaneidad. Es en este vacío fértil donde puedes ser todo aquello que desees, amalgamar la experiencia desembarazada de condicionamientos, donde reside la posibilidad de la dicha. La paz se halla en cada instante, pero permanece oculta esperando a ser desvelada.

Cultivando la concentración y la pacificación de la mente

puedes constituir las bases necesarias para el desarrollo de la lucidez y la sabiduría. Puedes conseguir un equilibrio entre pensamientos, sensaciones y actos para construir una sucesión de instantes coherentes con tus valores. Puedes salir de la limitación de tus pensamientos y crear espaciosidad en tu mente. Ofrecerte la oportunidad de cambiar y modelarte a cada momento, lejos de la rigidez del encorsetamiento del ego. Con un sentido pleno.

La contemplación de los agregados

Cuando entrenamos la visión lúcida de la naturaleza de la realidad, entrenamos la contemplación de los cinco agregados: el cuerpo, las sensaciones físicas, los pensamientos e ideas, los estados mentales con los que reaccionamos a lo percibido y la conciencia. De esta manera, observamos que son impermanentes, que no existe un «sí mismo» sino que el individuo se compone de un flujo de procesos interdependientes. Todos los pensamientos, sensaciones e ideas que tenemos acerca del mundo son compuestos y condicionados. Aparecen en circunstancias particulares, bajo determinadas condiciones, se desvanecen y son reemplazados por otras sensaciones, ideas o pensamientos según el momento y la subjetividad. Estamos en continua interrelación con todos los elementos, es inevitable agregarles estados, cualidades y formas. Así, adquirir una visión profunda es saber observar la realidad relativa que se nos presenta.

La contemplación es prestar atención a los fenómenos que surgen en el tiempo de la práctica y observarlos como naturalmente son, con atención consciente, concentración y sabiduría, sin fusión, sin etiquetas.

INTRODUCCIÓN A LA PRÁCTICA DE LA MEDITACIÓN VIPASSANA

Es importante conseguir primero estabilidad, espaciosidad y relajación para que podamos atender a todo fenómeno mental que se produzca, desde el momento en que se origina, fijándonos en su forma de manifestarse o desplegarse ante nosotros y en cómo se desvanece y surge un fenómeno mental nuevo. En este entrenamiento aflora el enorme caudal y potencial de nuestra mente, y es donde nos encontramos con muchas de nuestras sombras, condicionamientos y aflicciones. Y todos ellos son un buen lugar para comprendernos, entender nuestro funcionamiento y desapegarnos de los diferentes patrones que nos crean sufrimiento. La meditación, sin ser una terapia, es un recurso para aprender a conocer y entrenar la mente, para comprender nuestra relación con el mundo y los velos con que lo distorsionamos.

Para ello es imprescindible mantenerse neutro frente al flujo mental y emocional (por eso cultivamos previamente la calma y la serenidad en la mente), puesto que tanto la aversión como el aferramiento nos harán reactivos, y nuestro sistema responderá de nuevo de forma automática repitiendo el patrón aprendido previamente. Para desactivar estos patrones rígidos y disfuncionales, el primer paso es ser conscientes de ellos, percatarnos de cómo y dónde surgen, aprender a reconocer las sensaciones y los pensamientos que creamos, averiguar dónde está la chispa que los enciende. Y luego, aceptarlos. No pretendemos reprimirlos, resistirnos a ellos o frustrarnos, sino desidentificarnos, verlos con distancia y perspectiva. Desapegarnos de la fusión y pausar el flujo automático que los enlaza y nos hace reactivos. Calmar, serenar y relativizar para discernir y elegir más sabiamente.

Este entrenamiento te permite ser observador de lo que te ocurre para tomar perspectiva, sin juicios ni velos reactivos que te intoxiquen. No es desensibilizarte, sino moverte comprendiendo los fenómenos internos que proyectas continuamente en tu exterior como realidades fijas. Es una forma de desintoxicar la mente para desprogramar mecanismos arcaicos, sesgos cognitivos, respuestas inconscientes que ya no se adaptan con sabiduría a tu presente, a este instante. Te permite fluir y adaptar tus respuestas conscientemente para ofrecerte la mejor acción ante cada una de tus circunstancias. Asumir la responsabilidad de que tú eres el que conduces tu vida y necesitas que tu mente te acompañe con lucidez y claridad. Con la práctica continuada puedes aumentar tu conciencia de cómo se desencadenan y operan tus afectos, emociones y pensamientos para liberar a tu ego de la prisión egocéntrica. Deconstuirte para construirte en cada uno de los instantes. No porque desaparezcas, sino porque tu estructura es más segura y puede sostener las diferentes partes, desde diferentes perspectivas, y sin romperse.

PARA QUÉ NOS SIRVE EN EL DÍA A DÍA

Descubrir las estrategias erróneas que perpetúan nuestro sufrimiento es el principal recurso del que nos dota la meditación vipassana. Esta familia de meditaciones nos ayuda a **entender la realidad para deshacer las distorsiones cognitivas y las creencias que nos limitan y envuelven al ego solidificándolo con una existencia inherente.** Como si pudiera existir el «yo» de forma independiente y autónoma, lo percibimos con una naturaleza estática, rígida o predeterminada. Esto nos conduce a un crecimiento limitado porque pensamos «Es que soy así», «No voy a poder cambiar», «Mi vida es así, solo a mí me suceden estas cosas», «Todo depende del azar, yo solo puedo resignarme o resistirme a él». Estas creencias son limitantes y engañosas y, lejos de ayudarnos a crecer y desarrollar nuestro potencial, nos conducen al aislamiento del egocentrismo. Nos conducen a perpetuar el sufrimiento. Por eso, entender la realidad y nuestro funcionamiento interpretativo de esta nos ayuda a detectar las distorsiones que el ego crea. Una vez detectadas, podemos corregirlas, flexibilizarlas, relativizarlas o dejarlas ir para vivir más libres de lo que nos aflige y limita, aprendiendo a construir una realidad más sana para todo nuestro ser, no solo para el ego.

PRINCIPALES ERRORES DEL EGO
• Creer que existe de manera inherente, que no está formado por causas y condiciones.
• Creer que es independiente del entorno, que este no le influye.
• Creer que es fijo o estático, que tiene poco o ningún margen para el cambio.

Estos errores son comunes a todos los seres humanos. Nos limitan y nos acercan al sufrimiento cuando nos impiden realizar los ajustes necesarios para sintonizarnos con el entorno, para ser flexibles y adaptarnos a cada una de las etapas y necesidades de desarrollo de nuestro ser. Nos volvemos rígidos, y empezamos a rescatar del entorno solo la información y los estímulos que sean egosintónicos y rechazamos de inmediato los que no lo son. De esta manera confirmamos nuestras teorías e interpretaciones dando la bienvenida al batallón de autoengaños que pueden acompañarlas. Entrenar la comprensión de los fenómenos de la naturaleza de la realidad y los fenómenos de la mente es lo que nos da perspectiva sobre ellos. Se trata de observar la experiencia tal cual es, sin añadiduras, basada en la observación directa.

Con la práctica aumentamos la capacidad de percatarnos de los detonantes, del proceso en el que rumiamos pensamientos negativos. Y esto nos sirve para detener la cadena reactiva y ser capaces de ofrecernos perspectiva y espacio para elegir de forma consciente. Con este proceso **también debilitamos la mente discursiva, ansiosa, dispersa, altamente propensa a la preocupación, con dificultad para centrar y mantener la atención y apegada a placeres que supuestamente la aquietan pero que solo perpetúan el malestar.** El objetivo final es desmantelar los dos velos primarios: la existencia intrínseca del individuo y la existencia intrínseca de los fenómenos.

Cuando nos damos cuenta de la gran confusión en la que vivimos, de la severa limitación de nuestras creencias, de nuestros pensamientos tóxicos y de la gran cantidad de patrones condicionados que recortan nuestra libertad empezamos a comprobar que realmente la felicidad hedónica, la que se deriva del placer de nuestros sentidos, solo colma un pequeño fragmento pasajero de nuestra vida. Nos damos cuenta de que lo que de verdad anhelamos es destruir nuestra muralla interna y construir una felicidad genuina, un estado de bienestar y paz interior que no esté condicionado por los estímulos externos, sino que sea generado desde dentro. Una felicidad que no se acabe ni se consuma, sino que siga creciendo y la sigamos experimentando en cada uno de nuestros pasos. Y esto es posible gracias al entrenamiento de la meditación. ¡Ojalá así sea para todos! Ojalá podamos vernos a través de los velos que nos confunden y reconocernos mutuamente. Ojalá podamos encontrarnos genuinamente, atendiendo nuestras sombras para conferirles luz y alentarnos en el desarrollo humano, hacia el bienestar común.

Entrenamiento: meditaciones guiadas

En estas meditaciones contemplaremos la naturaleza de las apariencias, superando la conceptualización analítica, analizando la impermanencia de los fenómenos, su organización dependiente y su vacuidad. Cuando hablamos de las apariencias nos referimos a todos los fenómenos que somos capaces de experimentar, tanto físicos como mentales.

De esta manera cultivamos la curiosidad e investigamos sin evaluar. Los fenómenos surgen dependiendo de varios factores, uno de los cuales somos nosotros. Vemos la realidad con filtros, distorsionada. Y parte de nuestro sufrimiento viene de esta confusión.

LOS TRES SUFRIMIENTOS
• Sufrimos con el sufrimiento (que nos estamos generando).
• Sufrimos por el cambio (del que no podemos escapar).
• Sufrimos por los fenómenos condicionados por nuestras experiencias o preferencias que nos generan aferramiento, aversión o indiferencia.

Desvelar y deconstruir los agregados nos sirve para romper con los diferentes circuitos del sufrimiento.

MEDITACIÓN 1: ANALIZAR LA NATURALEZA DEL INDIVIDUO

- *Siéntate en tu postura habitual de meditación. Recuerda que debe ser una postura relajada y a la vez erguida, que te permita estar atento a lo largo de la práctica.*

- *Relaja el cuerpo con respiraciones abdominales, lentas y profundas.*

- *Relaja la mente soltando tensiones.*

- *Concéntrate en las tres fases de la respiración: inspiración, retención y espiración.*

- *Concéntrate en la respiración justo fuera de la nariz.*

- *Examina la verdadera existencia del yo haciéndote las siguientes preguntas:*

«¿Quién es, en realidad, este individuo que yo asumo ser?».

«¿El yo podría ser mi nombre?».

«¿El yo podría ser mi cuerpo?».

«¿El yo podría ser mi mente?».

- *Examina estos supuestos analizando todas sus partes, todos sus agregados: las etiquetas convencionales o particulares, las partes que lo componen, la partícula más pequeña en la que puedes dividirlos. Si no encuentras al yo en el nombre, en el cuerpo o en la mente, entonces, ¿dónde está? ¿Lo encuentras en algún lado, en algo de lo que puedas decir «Esto es el yo»?*

- *Examina si son eventos fijos o cambiantes.*

- *¿Son solo una proyección de tu engaño, una mera etiqueta atribuida al conjunto del cuerpo y la mente o son una realidad dada?*

- *Permanece sin esfuerzo en la contemplación.*

- *Ahora abandona el análisis y simplemente observa qué surge en el continuo de conciencia.*

- *Deja que aparezcan los fenómenos mentales y se desvanezcan. Sin reaccionar.*

- *Permanece sin esfuerzo en la contemplación.*

MEDITACIÓN 2: ATENCIÓN A LAS SENSACIONES FÍSICAS

- *Siéntate en tu postura habitual de meditación. Recuerda que debe ser una postura relajada y a la vez erguida, que te permita estar atento a lo largo de la práctica.*

- *Relaja el cuerpo con respiraciones abdominales, lentas y profundas.*

- *Relaja la mente soltando tensiones.*

- *Concéntrate en las tres fases de la respiración: inspiración, retención y espiración.*

- *Concéntrate en la respiración justo fuera de la nariz.*

- *Lleva la atención por todo tu cuerpo, siendo consciente de las sensaciones táctiles, en particular observa las sensaciones de frío o calor en el cuerpo.*

- *Concéntrate en la parte del cuerpo donde detectes una sensación más intensa, más fácil de observar. Fíjate en cómo es, cómo cambia de un momento a otro, a qué área de tu cuerpo afecta. Trata de observar solo la sensación, sin ponerle etiquetas mentales, sin hacer juicios ni valoraciones. Deja que en el cuerpo esté solo lo del cuerpo.*

- *Ahora observa las sensaciones táctiles de firmeza o solidez, notando la ropa en tu cuerpo, el cojín o el suelo que tienes debajo. Fíjate en que no tienes que hacer ningún esfuerzo para que se den.*

- *Ahora lleva tu atención a las sensaciones de humedad o sequedad de tu cuerpo. Las puedes encontrar en los ojos, la nariz, la boca, la garganta o en la sudoración de la piel. Es esa sensación corporal relacionada con la fluidez y la acuosidad. Nota cómo es, cómo se comporta, ignorando cualquier etiqueta que surja en tu mente. Fíjate en si es todo el rato igual o va cambiando, si depende de causas o condiciones o existe por sí misma.*

- *Por último, nota la sensación de aire o brisa en tu piel, tal vez puedas percibirla en la nariz al respirar, o en alguna otra parte de tu cuerpo. Sé consciente de cómo viene y cómo se va. Deja que solo esté en el cuerpo.*

- *Abandona el análisis y permanece sin esfuerzo en esta sabiduría.*

MEDITACIÓN 3: EVENTOS MENTALES

- *Siéntate en tu postura habitual de meditación. Recuerda que debe ser una postura relajada y a la vez erguida, que te permita estar atento a lo largo de la práctica.*

- *Relaja el cuerpo con respiraciones abdominales, lentas y profundas.*

- *Relaja la mente soltando tensiones.*

- *Concéntrate en las tres fases de la respiración: inspiración, retención y espiración.*

- *Concéntrate en la respiración justo fuera de la nariz.*

- *Te invito a imaginar que frente a ti hay un vasto espacio de nubes.*

- *Imagina que cada una de las nubes es como un pensamiento que aparece en tu conciencia, la transita y se desvanece. A su ritmo, a su manera. No te detengas en su contenido, solo observa el recorrido de cada nube, cómo viene y cómo se desvanece. Cómo avanza y cómo se desplaza. Cómo convive con las demás, cómo se mueve.*

- *Sin intervenir, solo observa. Sin juicio, sin interpretación.*

- *Observa la forma de originarse dependiente de los fenómenos mentales: ¿de dónde surgen, de una causa anterior, de una posterior, de una simultánea o de ninguna de estas causas?*

- *Abandona el análisis y permanece sin esfuerzo en esta sabiduría.*

MEDITACIÓN AVANZADA: ATENCIÓN A LAS SENSACIONES MENTALES

- *Siéntate en tu postura habitual de meditación. Recuerda que debe ser una postura relajada y a la vez erguida, que te permita estar atento a lo largo de la práctica.*

- *Relaja el cuerpo con respiraciones abdominales, lentas y profundas.*

- *Relaja la mente soltando tensiones.*

- *Concéntrate en las tres fases de la respiración: inspiración, retención y espiración.*

- *Concéntrate en la respiración justo fuera de la nariz.*

- *Lleva la atención por todo tu cuerpo, siendo consciente de las sensaciones táctiles, de frío o calor, de solidez o firmeza, de humedad o se-*

quedad y de movimiento del aire o brisa. Observa cuál te llama la atención o se vuelve más intensa y atiéndela.

- *Observa cómo se comporta, nota si es constante o va variando. ¿En qué momento cambia o dejas de percibirla?*

- *Observa si tienes preferencia por alguna en particular, por alguna que te resulte agradable.*

- *Céntrate en esa sensación de «agradabilidad» y fíjate en que no está en el cuerpo; trata de reconocer que es una sensación de la mente y percíbela como algo separado de la sensación puramente física. Ábrete a esta sensación y observa cómo se desvanece.*

- *Deja que las sensaciones agradables lleguen a ti y se marchen sin aferrarte a ellas. Despídete de ellas con gratitud.*

- *Presta atención a si aparece alguna sensación física que te resulte desagradable, aunque venga del interior de tu cuerpo; simplemente nótala, detéctala y observa cómo es.*

- *No te resistas, permite que esa sensación se manifieste.*

- *Fíjate en si puedes diferenciar la sensación física, tal y como aparece en el cuerpo, de la sensación mental de «desagradable».*

- *Date cuenta de que «lo desagradable» es una preferencia de la mente, de que no está en el cuerpo. Permite que este tipo de sensaciones también tengan su espacio, sin evitarlas. Ábrete, déjales un lugar, dales permiso para estar. Observa si puedes recibirlas con «un abrazo» o existe alguna resistencia.*

- *Abandona el análisis y permanece sin esfuerzo en esta sabiduría.*

PROGRAMA DE ENTRENAMIENTO EN 10 SEMANAS

1. El primer entrenamiento. Establecer la base y generar el contacto genuino

Semana 1: generar el contacto genuino.

2. Mindfulness. Asentar la mente en la calma y conseguir lucidez. Entrenamiento de la atención plena

Semana 2: atención a la respiración.
Semana 3: respiración en el abdomen.
Semana 4: atención a las sensaciones corporales.

3. Amor bondadoso. Establecer aspiraciones de felicidad genuina

Semana 5: meditación del amor bondadoso.

4. Compasión. Aliviar el sufrimiento

Semana 6: meditación de la compasión.
Semana 7: meditación de la autocompasión.

5. Vipassana. Aprender sobre los procesos de la mente y el ego. Entrenamiento de la sabiduría

Semana 8: analizar la naturaleza del individuo.
Semana 9: atención a las sensaciones físicas.
Semana 10: eventos mentales.

CUARTA PARTE

Transformar el sufrimiento en bienestar

10

Cómo transformar el sufrimiento

> Y yo que pensé que la vida sonreía me di de bru-
> ces con la oscuridad de la ira. Conocí la sombra de
> la tristeza, la turbulencia del miedo y su marea.
> Pero en todas ellas me di cuenta de que la vida
> sonreía.

El sufrimiento puede llegar de muchas maneras. A veces aparece a través de preocupaciones que rumiamos en nuestra
mente, anticipaciones y fantasías catastróficas, pensamientos
sobre situaciones inconclusas del pasado o sucesos futuros
que, a pesar de que no han ocurrido, nos crean angustia.
Aparece de la mano de los remordimientos y la culpabilidad,
de la ira o la frustración por sucesos que no se desenvuelven
tal y como uno desea, de la desmedida autoexigencia con que
afrontamos cada tarea, de los temidos autosabotajes que pa-
ralizan nuestro desarrollo hacia el bienestar. Existen un sinfín de modalidades de sufrimiento en las que descubrimos
que somos nosotros mismos los responsables de perpetuarlo.
**Creamos causas y condiciones para sostenerlo, amplificarlo
y repetirlo, pero, al mismo tiempo, tenemos el potencial
para erradicarlo.** Podemos construir nuestro propio desarro-

llo hacia el bienestar entrenando nuestra mente para generar los cambios que necesitamos.

Entrenar nuestra mente requiere disciplina, una guía y una autoobservación consciente que nos permita cultivar una mente ecuánime, sabia y compasiva. Una mente lúcida que nos siga conduciendo a través de las diferentes etapas de la vida. Que nos acompañe mientras atravesamos el dolor de forma que podamos elaborarlo para no añadir más sufrimiento a las situaciones, podamos armonizarnos en el estado de dicha para que nuestras acciones la sostengan y podamos restablecer el contacto saludable con el presente, a cada momento. Y la meditación es una de las herramientas útiles para este fin, es decir, para erradicar el sufrimiento y crear las causas y las condiciones que generen bienestar. Por eso en las meditaciones que hemos abordado en este libro entrenamos la conciencia reflexiva y el «darnos cuenta», el discernimiento, la deconstrucción del yo y la no fusión con nuestros pensamientos, la atención plena, el cultivo de estados virtuosos y la ecuanimidad.

Porque para vivir libres de nuestros miedos, ansiedades, deseos o impulsos es preciso que seamos conscientes de determinados patrones y dinámicas insanos que, si seguimos perpetuándolos, se convierten en hábitos que determinan nuestro estilo de vida. Necesitamos seguir indagando, resolviendo, construyendo una dirección cada día. Continuar eligiendo. **Si no eliges conscientemente, la fuerza de tus viejos patrones condicionados elegirá por ti**, y, como ya hemos visto, estos patrones vienen teñidos de muchos asuntos inconclusos y velos aflictivos que te pueden confundir y llevar por rutas poco deseadas. Recuperar y restaurar la capacidad de observación y percatación es indispensable para romper la cadena del sufrimiento y aliviarlo. Solo así podemos ofrecernos la oportunidad de elegir una respuesta mucho más saludable, con una mejor relación con nosotros mismos y con el entorno. Esto generará la comprensión indispensable para detectar los patrones tóxicos y la sabiduría mediante la que podremos ofrecernos el «antídoto» que combata cada una de las aflicciones que invaden nuestra mente, regresar a nuestro lugar seguro y sentir el afecto y el cuidado que necesitamos para seguir avanzando ante las dificultades que el camino nos presenta, restablecer el equilibrio y la regulación emocional que nos proporcionan un adecuado equilibrio de nuestros estados afectivos.

La inevitabilidad del sufrimiento

Está muy presente en nuestro ideario la creencia de que el sufrimiento es inevitable, y olvidamos que los seres humanos hemos desarrollado la capacidad de entrenar nuestra mente y adquirir los recursos necesarios para aliviarlo. Todos sabemos que el sufrimiento forma parte de la vida, al igual que la alegría o la felicidad, pero también es cierto que podemos gestionarlo y evitar que se extienda en el tiempo. Al asumir determinadas creencias como verdades, sin plantearnos si son ciertas o no, permitimos que sirvan de premisa para construir la realidad que vivimos. Surgen de manera automática y pueden contener mensajes sesgados y engañosos que contribuyen a sostener el sufrimiento en el tiempo e incluso a incrementarlo, y ni siquiera nos damos cuenta que los hemos construido nosotros. Podría dar la sensación de que estas creencias han tomado el control de tu persona y te parece que no puedes hacer nada al respecto porque surgen tan rápido y tan automáticamente que las das por buenas. Se desencadenan sin freno, sin que se cuestione su origen y su función. No pasan el filtro del discernimiento consciente, que podría elegir las más saludables y eliminar las que, aquí y ahora, pueden generar problemas, o están desajustadas respecto al momento presente. De esta manera, pueden causarte la sensación y la convicción de que no tienes otra salida ni remedio mejor, es la única respuesta posible, es inevitable.

Esta es una forma de actuar que puede ser destructiva y conlleva sufrimiento porque otorgas una rigidez excesiva a estos patrones. Les ofreces el poder de controlar tu vida.

RESPONSABILIDAD Y ACEPTACIÓN

Para recuperar el dominio sobre tu vida necesitas perspectiva y acción. No solo es preciso que modifiques tus creencias, sino también que procures cambiar tu relación con ellas y actuar estando ajustado a la realidad presente. Cambiar por dentro y reflejarlo en tus acciones de fuera. Solo así tu capacidad de contacto se reactivará en un nuevo ajuste dinámico y sano que cause bienestar, que busque las mejores soluciones. No solo sirve entender, leer o «hablar sobre» lo que ocurre, sino que se precisa la experiencia. Actuar y activar tus ajustes en el entorno. Necesitas la responsabilidad y la aceptación.

Nuestros patrones condicionados, cuando ya están desajustados respecto al presente, son automáticos y proyectan una realidad que te genera más sufrimiento. Y es este desajuste el que requiere la actualización del sistema. Estos patrones de pensamiento, emoción y acción se crearon en un momento del pasado para ayudarte a sobrevivir ante una dificultad. Fueron un ajuste creativo que funcionó en el presente de entonces, con tus recursos de aquel momento, y te sirvieron, te ayudaron. Razón por la que quedaron reforzados positivamente en tu cerebro como una buena opción, pues lo eran. Ante este refuerzo positivo, seguiste usando este patrón de forma repetida, de tal modo que fue quedando tan grabado en tu mente que se convirtió en un hábito del que luego no supiste escapar. Ya no lo cuestionaste para saber si seguía siendo una buena acción, ni te preguntaste si estabas siendo preso de un condicionamiento pasado. Allá y entonces lo hiciste lo mejor que pudiste, pero aquí y ahora quizá puedas conectar con otros recursos mucho más adaptativos y funcionales. Porque **si un determinado funcionamiento te crea malestar, no es el patrón el que lo crea, sino el poder que le das en el momento actual**. Puedes pararlo, desestructurarlo y darle una nueva forma, o quedar preso de él, junto a la queja, la expectativa de que el mundo cambie para tu bienestar o miles de autoengaños del ego para no cuestionarte nada a ti mismo. Pese a tu sufrimiento, el ego te dice «Tú estás bien, es el mundo el que está mal», y sigues con tu ajuste conservador perpetuando tu malestar.

Aunque el ego continúe proyectando su deseo como si fuese una realidad o verdad absoluta que se debe cumplir —«No debería estar sucediendo esto porque lo que debería estar pasando es esto otro»—, consolidando una creencia limitante —«No puedes hacer nada al respecto»— o un auto-sabotaje —«Van contra ti»— que ante la «amenaza» activen respuestas que sigan perpetuando tu sufrimiento, recuerda que ni tú, ni tus recursos ni tu entorno sois los mismos a cada instante, por lo que necesitas detenerte para ampliar tu perspectiva. Todo cambia y está en continua relación. No vives separado del mundo. Tienes la responsabilidad de actuar de la mejor manera posible con lo que te encuentras a cada momento. Y esto también requiere aceptación, aprender a observar lo que ocurre sin reactividad ni juicio, de forma constructiva: con lo que hay, ¿qué puedo hacer? Es preciso aceptar que sufrirás, que no todo ocurre tal y como deseas. Esperar esto simplemente es una ilusión del ego y egocentrismo. No hay nada ahí fuera que gire en torno a ti, solo están tus propias acciones y sus consecuencias. Cuando sufres, de tu resistencia y de tu negación o aceptación del sufrimiento dependerá que este se disuelva o se solidifique como una experiencia prolongada en el tiempo. Es fundamental aceptar que eres vulnerable y frágil a la par que fuerte y capaz. **Necesitas aprender a afrontar la dificultad y el dolor sin volverte difícil para ti mismo, sin causarte ni causar más sufrimiento.**

No dejes que la inercia de una aflicción, una distorsión cognitiva o un patrón tóxico dirija tu vida; puede que saboteen tu bienestar y desarrollo hasta tal punto que pienses que tu vida es desdichada. Si te dejas succionar por su remolino, lo creerás. Si te detienes y observas lo que surge, encontrarás la manera de salir fortalecido de la situación, podrás salir ganando.

Recuerda que **el mayor obstáculo para el crecimiento sigues siendo tú mismo.**

EL MAPA CONCEPTUAL

Cada uno de nosotros tenemos un «mapa conceptual» interno que, a modo de GPS, nos informa, nos alerta y nos explica la realidad percibida para que podamos acercarnos de la forma más segura a ella. Sin embargo, este «mapa conceptual» contiene algunos errores y sesgos que, si no los revisamos, se seguirán reproduciendo en nuestra historia personal. Y cuando nos empeñamos en usar una y otra vez el mismo mapa en un contexto en el que ya no funciona adecuadamente, iniciamos la repetición de nuestra historia. Las mismas respuestas, los mismos resultados, la misma queja, la misma desilusión o frustración. Sufrimos y, en vez de parar a revisar y actualizar el mapa ajustándolo a la realidad del contexto presente, nos mantenemos rígidos junto a él. El aferramiento a lo conocido y la angustia ante la incertidumbre nos mantienen ligados a la repetición.

Un ego que confirma su existencia en un esquema rígido de premisas interpretativas solo querrá confirmar que son los otros los que se equivocan. Defendiendo su perspectiva sesgada de manera absolutista, queda siervo de una dependencia disfuncional del entorno, puesto que solo bajo su confirmación él quedará satisfecho. De esta manera vamos confirmando y consolidando un mapa con el que ya no podemos ajustarnos al entorno de manera satisfactoria, y nos genera cada vez más aferramiento y sufrimiento. Es una forma de ver el mundo velada por sesgos y aflicciones que, simplemente, requiere una actualización pero, paradójicamente, nos resistimos a realizarla.

Al igual que los dispositivos informáticos, que deben ponerse al día con versiones nuevas de los programas para eliminar errores y tener un funcionamiento óptimo, nuestro sistema de creencias, nuestro mapa interno tiene que renovarse. Es necesario revisarlo y actualizarlo porque la realidad con la que lo contrastamos cambia constantemente. Tanto el entorno como nosotros mismos somos distintos en cada etapa, en cada circunstancia, en cada encuentro. Un mismo mapa rígido no nos sirve siempre, pero sí nos vale un mismo esquema sobre el que vayamos realizando ajustes adaptativos. Un proceso de contacto sano entre el mundo interno y el externo que nos permita realizar adecuadamente estos ajustes requiere nuestra implicación. Ser conscientes de la responsabilidad que tenemos en cómo generamos y construimos nuestra vida, y hacernos cargo de esta nos confiere cada vez más capacidad y lucidez para guiarla hacia la dirección deseada. Porque no es que tengamos un mapa erróneo o disfuncional en nuestro interior, sino que tenemos un mapa que cuando se generó lo creamos para ajustarnos a ese momento, a esas circunstancias personales, a ese entorno. Y nos sirvió para sobrevivir, para salir de la situación lo mejor que pudimos. Pero con el paso del tiempo, nuestros recursos personales aumentan, nuestra perspectiva cambia, y el entorno y el contexto también. Así, muchos de estos mapas han de ser revisados para que podamos continuar usándolos.

La culpa nos estancará en el mismo error, pero la responsabilidad nos hará conectar con nuestra capacidad de seguir respondiendo a lo que sucede de forma sana, lo mejor que sabemos en cada uno de los momentos que vivimos. De aquí que cultivar y mantener una mente flexible nos ayude a realizar esta adaptación continua. Ante un entorno cambiante, nosotros también cambiamos. Y resistirnos es sufrir. Seguir moldeando nuestro yo, seguir integrando experiencias desde perspectivas ecuánimes, sabias y compasivas, nos permitirá aumentar nuestra resiliencia. **En la aceptación del cambio reside nuestra responsabilidad para transformar y crear nuestra vida.** De la resistencia y perpetuación de patrones rígidos surgirá el sufrimiento. Un aferramiento a nuestros hábitos condicionados y una aversión por lo que no nos gusta nos hace caer en el automatismo disfuncional, lleno de mecanismos de defensa ineficaces para conseguir un equilibrio en el bienestar. Y por eso la felicidad no puede proceder del exterior; creerlo así sería caer en el mismo error que cuando pensamos que es el mundo el que ha de cumplir nuestras expectativas. La felicidad verdadera solo puede crearse en cada instante de la fuente principal: nuestro interior, nuestro equilibrio, nuestro bienestar. Y esto requiere un ejercicio constante de implicación y compromiso con la vida, para crear las causas y las condiciones que fomenten las respuestas que deseamos recoger en ella.

El proceso de contacto

Solo en el presente tenemos la potencialidad de crear una nueva circunstancia. Mantener en nuestra mente una expectativa o un deseo sobre cómo nos gustaría que el mundo fuera y se comportara con nosotros no hará que la realidad sea la que nosotros queramos. Esperarlo nos generará, de nuevo, frustración y sufrimiento. Necesitamos desear, anhelar y proyectar un futuro, pero también implicarnos en buscarlo. Y esto solo será posible si evaluamos bien el entorno y las circunstancias y nos vamos ajustando a cada instante, a cada paso que damos hacia la dirección deseada. Todo ocurre en la interacción. Todo está por construir, pero la vida nos necesita activos, atentos y presentes. Y esto requiere que nuestra mente sea flexible y ecuánime. Que cultivemos una atención y observación libre de juicios que, junto a la calma y la reflexión, nos conduzca a la visión lúcida y sabia que cada momento precisa. Un proceso de contacto entre nuestras necesidades y recursos personales y el mundo externo en el que se despliegan. Una mente lúcida que valore las consecuencias de nuestros actos. ¿Me conducen hacia la dirección deseada? ¿Esta dirección es beneficiosa a largo plazo o generará más sufrimiento?

Vivimos atascados en un egocentrismo que bloquea nuestra perspectiva ofreciéndonos respuestas automáticas y voces internas que lo justifican. Atascados en ideas engañosas sobre «un mundo que va contra mí» que nos hacen sufrir porque crean aislamiento y soledad. Atascados en un «yo», «mí», «me» y «conmigo» que no incluye nuestra responsabilidad en lo que se genera en los encuentros. De esta manera, el egocentrismo intenta «calzar» su perspectiva unilateral, sin ajuste ninguno, y lo hace a costa de lo que sea, incluso de nuestra felicidad. Y en esa lucha salimos perdiendo. Salimos sufriendo. Cuando intentamos mejorar caemos siempre en las mismas trampas. Accionamos de forma inconsciente los mismos mecanismos, los mismos patrones relacionales una y otra vez. El continuo e ilusorio mantra de «El mundo debería ser...» se convierte en una fuente de sufrimiento.

Caemos en el costoso empeño de controlar lo que ocurre, de aferrarnos a nuestros sesgos, a lo que nos genera placer, e

iniciamos la guerra de «gano yo y mi razón». Rechazamos y generamos aversión a lo que es egodistónico y albergamos cada vez más miedo de que ocurra algo que no queremos o algún imprevisto que contradiga nuestra rígida premisa. Y queriendo estar aliviados, seguimos incrementando nuestro sufrimiento. Solo podemos ver la realidad objetiva de lo que hay en el fondo del río cuando el agua es clara. Si esta es turbia, no podremos más que interpretar subjetivamente lo que hay bajo ella. Quizá podamos adivinarlo y tomar las medidas adecuadas, pero será cuestión de probabilidades. Acertar o no acertar por azar es dejar la vida en manos de las inercias pasadas, y todo lo que no decidamos nosotros lo decidirán nuestros hábitos condicionados y el mundo.

Asumir la responsabilidad de nuestro bienestar requiere una cuidadosa atención interna y externa, un contacto sano que nos permita realizar ajustes para integrar las experiencias de forma adaptativa y satisfactoria. Y esto solo puede ocurrir en el contacto con el presente. Si nos ausentamos y vivimos en nuestra mente discursiva, perdemos uno de nuestros mejores aliados para el bienestar: nuestra presencia plena en la experiencia.

Nuestra mente tiene la capacidad y el potencial suficiente para transformar cualquier situación, incluso el sufrimiento. Tenemos la capacidad de aliviarlo, de regresar a nuestro estado base de serenidad y bienestar. De seguir desarrollándonos, cambiando y ver más allá de nuestro egocentrismo. Y este es uno de los grandes beneficios de la meditación, un método que nos ayuda a aliviar el sufrimiento y erradicarlo sembrando las causas del bienestar interno. Nos ayuda a lograr una mente en equilibrio, lúcida, que fomenta estados virtuosos y refuerza afectos positivos y resilientes, una conciencia amplia que requiere sabiduría para romper las cadenas condicionadas por nuestra historia y las aflicciones filtradas por el egocentrismo. La meditación es el arte de cultivar en cada uno de los instantes presentes la armonía que nos conduzca hacia el bienestar.

Cultivar la armonía del bienestar

Cultivar la felicidad genuina es armonizar nuestras partes internas para que no estén en conflicto. Todos deseamos vivir en paz, gozar del bienestar, pero no cultivamos este estado en nuestro interior. Buscamos un remedio externo que lo haga, y esto no ocurrirá.

Con la meditación restablecemos el estado de armonía interno, y esto requiere disciplina, como cualquier entrenamiento. Si quieres cambiar tu alimentación para hacerla más saludable o ejercitar tus músculos para que sostengan mejor tus articulaciones, sabes que de bien poco sirve hacerlo un día o cuando te acuerdes. Necesitas adaptar y modelar nuevos hábitos que te lleven a alcanzar tu objetivo. Cambiar por dentro para cambiar por fuera. Y luego confiar para mantener los hábitos a pesar de los obstáculos y resistencias del yo. Deshacer nudos y construir puentes.

La meditación desarrolla nuestro potencial gracias a que aumenta nuestra conciencia. Genera, gracias al no-juicio, un laboratorio de experiencias internas para desestructurar el ego, darnos cuenta de todos sus disfraces, sabotajes y patrones tóxicos para traspasarlos y ampliar y flexibilizar nuestra mente más allá de estos condicionamientos aprendidos. Para ello son indispensables la relatividad, la aceptación y el cultivo de estados mentales virtuosos, tales como la sabiduría y el amor bondadoso y la compasión. Porque lo que queremos ver en el mundo es justo lo que necesitamos sentir dentro.

Nuestros problemas se repiten cuando nos empeñamos en no alumbrarlos con la luz de la conciencia, cuando pretendemos que cambien por sí mismos, por la acción de los demás o fingiendo que no existen. La aceptación es el camino en el que descubrimos el poder de la transformación. Solo la resistencia hace que el problema se multiplique, y aun así nos resistimos una y otra vez a lo que nos ocurre. Necesitamos descubrir que la llave para liberarnos del sufrimiento está dentro. En nuestra mente. Es el único lugar en el que podemos operar un cambio y verlo reflejado en el mundo, proyectado en nuestras conductas y relaciones. Es preciso deconstruir estos mensajes para volverlos a organizar en el presente desde una perspectiva más madura, serena y sabia, para hacerlos saludables. Realizar este proceso de contacto requiere conocer la necesidad que ocultan los mensajes saboteadores, los pensamientos velados por interpretaciones tóxicas, rumiaciones y fantasías catastróficas. Y no lo lograremos si no nos conocemos y nos queremos lo suficiente para traspasar las fronteras del egocentrismo.

Así, la meditación y el entrenamiento mental posibilitan el entendimiento del hecho de que la actividad, el movimiento, el crecimiento y el cambio son constantes e inherentes a la vida. El mundo es una red de conexiones interdependientes, conectadas entre sí e impermanentes. Su estado y su forma cambian a cada instante. Su causalidad depende de múltiples factores y de su contexto. Todo está en un continuo movimiento que no podemos controlar, pero acerca del cual podemos realizar un aprendizaje continuo para ajustarnos del mejor modo a cada uno de sus instantes presentes. Al fin y al cabo, son los únicos instantes en los que vivimos. Solo aquí y ahora, en este momento, en esta respiración. Y de cómo los habitamos y construimos es de lo que va la vida. Ni más ni menos. Toda nuestra realidad la construimos y creamos nosotros en un contexto particular. Es relativa, subjetiva. Y podemos entrenarnos para adquirir una mayor conciencia que nos ayude a armonizar todas nuestras partes internas —pensamientos, emociones y conducta— para que esta realidad construida sea funcional y saludable. De su coherencia dependerá que la improvisación de cada ajuste respecto a la realidad del momento presente pueda ser adaptativa. Que nos conduzca al bienestar y no origine más sufrimiento.

ENTRENAR LA MENTE CON LA MEDITACIÓN

La meditación puede ser contemplada como una herramienta y una metodología para erradicar el sufrimiento, puesto que nos lleva a un mayor grado de conciencia y percatación del estado de nuestra mente. Nos ayuda a equilibrarla con ecuanimidad, lucidez, sabiduría y el cultivo de estados virtuosos, y a regular nuestras respuestas y ajustes al entorno de forma adaptativa. Se trata de sembrar las causas y las condiciones del bienestar, no tanto las del sufrimiento. Y para ello necesitamos vivir presentes, conscientes.

El entrenamiento que te presento en este libro es un entrenamiento de la atención plena, de la generación de estados virtuosos y de la contemplación para la deconstrucción y análisis del ego y el egocentrismo. **Entrenas la percatación, el darte cuenta de cómo te relacionas contigo y con el mundo, para posibilitar tu cambio y restablecer el equilibrio.** Entrenas la calma mental, un estado de regulación desde el que te será mucho más sencillo dirigir tu poder de transformación. Porque si tu mente está agitada y llena de estrés y tus pensamientos transcurren a una gran velocidad, será mucho más difícil que te des cuenta de que se ha activado la cadena aflictiva y detener la respuesta reactiva y disfuncional. Te será difícil prevenir el fuego porque continuamente se avivan las llamas en tu mente. El discernimiento consciente favorecerá que, una vez rota la cadena aflictiva, puedas dirigir tu atención a las voces y «personajes guía». Ellos te conducirán a las habitaciones seguras, ese lugar de tu mente en el que puedes cuidarte, protegerte y ofrecerte la respuesta que realmente necesitas, orientándote hacia el bienestar.

Una vez allí, entrenas para convertirte en tu mejor aliado. Mediante la práctica de la meditación sobre el amor bondadoso y la compasión favoreces la generación de estados virtuosos en tu mente para centrarte en tu bienestar y en el de los demás. Al prepararte para **trabajar en la eliminación del sufrimiento**, no tanto superficialmente sino yendo a sus causas y consecuencias, la meditación analítica te permite aumentar la sabiduría y la visión profunda para no caer en las trampas del ego y el egocentrismo, y poder tener una perspectiva más allá de los velos de las aflicciones. Una perspectiva más completa y menos sesgada. Al fin y al cabo, todos tenemos una forma particular de interpretar el mundo, y es mejor familiarizarnos con ella para observarla sin juicio y optar por formas que nos conduzcan a la generación de las causas y las condiciones del bienestar, no a perpetuar el sufrimiento. Y esto será tu mejor protección. Tu mejor inversión.

Distorsionar la realidad, interpretarla al gusto del ego, es muy habitual en el ser humano. Lo hacemos todos. El problema viene cuando estas interpretaciones se tiñen de negatividad, se convierten en una constante en nuestra vida y son tan rígidas que las vivimos como una realidad absoluta. Cuando continuamente proyectamos en el mundo una película de miedo, de ira, de culpa, de vergüenza o de ansiedad es cuando empezamos a fusionarnos con ella, nos la creemos tanto que perdemos el sentido de la diferenciación. Ya no la podemos mirar como un observador externo que puede hacer los cambios que desee en el transcurso de la historia, sino que nos convertimos en un personaje pasivo que vive dentro de ella. Es entonces cuando empezamos a pasar nuestros días sintiéndonos atrapados en una película que no nos gusta y alejándonos de nuestra propia felicidad esperando a que algo ocurra, nos despierte y nos saque de ella. Pero podemos despertar ya, al fin y al cabo, somos nosotros quienes creamos la película.

Cuando aprendemos a observar nuestros pensamientos, cómo se originan y desvanecen, cómo transcurren, la historia peculiar que narran, aprendemos a identificarlos como lo que son: pensamientos. Historias contadas, eventos mentales, imágenes y recuerdos que no son nuestra vida. Son el recuerdo, el relato que nos contamos de lo ocurrido. La vida es experimentada mientras nosotros estamos pensando en eso. **Necesitamos regresar al presente sin la fusión cognitiva que**

nos confunde y nos evade de su contacto. Volver a los sentidos, al contacto con nuestras sensaciones, con la experiencia directa. Disminuir el ruido mental y regresar al continuo proceso de vivir. Algo tan sencillo y que tanto nos cuesta realizar.

HAZ DE TU MENTE UN LUGAR SEGURO

Es imprescindible cultivar un refugio interno. Regresar al contacto genuino con nosotros mismos, un contacto saludable, seguro, de cuidado y protección, lejos de las agresiones de la autocrítica y autoexigencia severa, lejos del tono castigador que utilizamos para «animarnos» a vivir y a superarnos. Al fin y al cabo, el modo en que vivimos y nos enfrentamos a las circunstancias determina el tipo de mente que construimos. Según en qué «habitación» de nuestra mente pasemos más tiempo, nuestra experiencia será narrada de una forma u otra, la mente discursiva interpretará la realidad de una manera u otra dependiendo de la perspectiva que tomemos. Un exceso de egocentrismo nos alejará de la mente experiencial para conducirnos a una interpretación rígida de lo que ocurre llena de patrones tóxicos. Equilibrarlo es la tarea. **Cultivar una mente ecuánime que pueda regular los excesos y condicionamientos** para empezar a vivir en una «habitación» mucho más segura, más cerca de nuestra estima, valores, amor, sabiduría y ética. Más cerca del bienestar común.

Vivir en una habitación cerrada para tu solo disfrute te hará sufrir, encadenarás tu libertad. Vivir en una habitación espaciosa donde cultivar el bienestar de todos, donde velemos por el bien común, te hará libre. Porque si somos interdependientes, si estamos conectados por una cadena de causas y consecuencias, ¿no es más inteligente cuidarnos y apoyarnos para construir más virtud comunitaria?

La felicidad está más cerca de la plenitud interna que de controlar las circunstancias externas y de ganar algo o a alguien. Está más cerca de la paz que de la guerra. Está más cerca del amor y la alegría que de la agresión y la lucha. Y para todo esto nos necesitamos. No hay forma de «escapar» de la interrelación. Estamos conectados, solo elegimos desde qué extremo del continuo lo hacemos. Todo sufrimiento viene de acciones dañinas impulsadas por estados tóxicos que parten del miedo del egocentrismo, la falta de amor, la obsesión con nuestro bienestar. Por estar obsesionados con nuestras necesidades, nuestro futuro, nuestro bienestar, nos olvidamos de los demás. Nos olvidamos de sembrar lo esencial: el amor, la gratitud, la ecuanimidad y la generosidad.

Si lo que deseas es ser feliz, necesitarás sentirte querido y reconocido, seguro y cuidado. Y si deseas sentirte así, tendrás que responsabilizarte de establecer relaciones (internas, con las diferentes partes del yo, y externas, con los demás y con el entorno) que contengan estas cualidades bondadosas. Poner límites seguros y firmes a los diferentes «venenos» que vengan en forma de adicción, ansiedad, miedos o relaciones tóxicas. No olvides que estás interrelacionado, que no vives aislado sino en un contacto permeable con los demás en el que todo influye. Que respondes ante estímulos y que tu respuesta es el estímulo encadenado para otros. Observa y cuida lo que compartes, porque es la siembra a la que le estás dando el permiso para crecer.

TRANSFORMAR EL SUFRIMIENTO EN BIENESTAR

Podemos transformar nuestro sufrimiento en felicidad. Podemos aprender a ser felices. Entrenar nuestra mente para modificar nuestra vida, y esto, aparte de responsabilidad y aceptación, requiere entrenar la habilidad para redefinir una situación desde un prisma positivo, la habilidad para sentir gratitud y la habilidad del altruismo, la generosidad y la cooperación para romper los barrotes del egocentrismo y del «yo más». Reenmarcar el concepto de felicidad, sostener y responsabilizarnos de conectar con ella, desde dentro. Restablecer el equilibrio de nuestra mente, sosteniendo en la consciencia los estados positivos, tales como el amor y la compasión. Armonizar nuestros sistemas para sentir que las experiencias desagradables no ocupan tanto espacio ni tanto tiempo en tu mente.

Y la meditación nos ofrece la posibilidad de entrenar estas habilidades, reforzar nuestra presencia plena, ser menos reactivos a lo que está sucediendo en el momento presente, tanto si es considerado positivo como negativo o neutro, de manera que nuestro sufrimiento total disminuya y la sensación de bienestar aumente. Entrenar la concentración y la capacidad de redirigir el foco de nuestra atención para que la mente no se quede atrapada ni en la dispersión y el caos ni en un funcionamiento rígido y estanco, sino que permanezca en el momento presente de manera benévola y funcional, fluida. Gracias a la atención y la percatación entrenadas, así como al análisis de nuestro ego y egocentrismo, podemos darnos cuenta de cuándo nuestra mente entra en «habitaciones» poco funcionales, se distrae o se funde con el parloteo de los «personajes del ego» menos amables, y concentrarnos en el presente, donde es posible realizar el ajuste dinámico y funcional correspondiente. Deshacer dicotomías, integrar extremos y experiencias y familiarizarnos con estados llenos de virtud. Ampliar y sostener nuestra perspectiva más allá del egocentrismo, para cuidar y sembrar amor y compasión. Vivir prodigando gratitud y altruismo para centrar nuestra atención más allá de este pequeño ego. Construir narrativas seguras, adaptativas e inclusivas.

Aunque parece mucho más tedioso analizarse y conocerse profundamente a uno mismo, es lo que a largo plazo puede traernos resultados saludables y beneficiosos. No hace falta esperar a que nos suceda algo impactante. Podemos aprender cada día a vivir en plenitud, no cesar en el aprendizaje, en el cambio, en la transformación, en la superación, en creer en nuestro potencial de crecimiento.

Allá donde vaya tu atención es lo que existe para ti. Qué eliges mantener en tu mente y cómo lo haces determina la historia de tu vida: lo que recordarás, lo que conformará tu historia y tejerá tu ser. El tono en el que lo hagas lo teñirá de felicidad y gratitud o de desdicha y queja. Te llevará al bienestar o al sufrimiento.

Permítete cultivar una mente lúcida que pueda generar alegría y bienestar.

Te invito a descubrirlo, a cuidarte y entrenar tu mente para transformarla en un lugar seguro y tendente a la salud. Si deseas indagar un poco más en cómo puedes transformar tu sufrimiento, te espero en el próximo libro. Me encantaría seguir acompañándote en el proceso de alcanzar una vida plena y aprender juntos a desarrollar un mayor bienestar.

Agradecimientos

Cuando era pequeña descubrí la meditación como una valiosa herramienta de trabajo personal. Con sus altibajos, con sus etapas, con sus retos, pero siempre presente con su silencio interior, su calma y equilibrio. Y en esta parte de la vida, de camino, estoy agradecida de encontrarme contigo. Querido lector, gracias por compartir conmigo este trocito de aventura, esta bonita experiencia de autoconocimiento y desarrollo interior. Ojalá te haya servido de inspiración y puedas seguir descubriendo el camino de la meditación, con curiosidad, con amor y sabiduría.

Me gustaría agradecer también a todas las personas que me han ido mostrando las llaves para adentrarme en el descubrimiento de la mente, y especialmente a mis maestros de meditación de los que he tenido la suerte de aprender directamente de su legado. Gracias por las enseñanzas, por la inspiración, por la confianza y por mostrarme un camino de transformación, de calma y cultivo mental. Especialmente al Venerable Lama Rinchen Gyaltsen, que desde hace tantos años me inspira, acompaña y comparte sus enseñanzas. Gracias por tu confianza y amistad.

Y especialmente quiero dar las gracias a la persona que

me acompañó desde el inicio de mi aventura de vida, el que sembró en mí los valores humanos, la ética y el amor. El que me enseñó que el camino ha de ser transitado con disciplina, con respeto y mucha ilusión. Me enseñaste el poder de la bondad, del silencio y el amor. Gracias por mostrarme que la vida, aun en las dificultades y sus reveses, sigue siendo muy bonita. Te dedico a ti este libro, me acompañaste hasta el final mientras yo te acompañaba hacia el final de tu camino. Me encantaría que lo hubieras podido ver publicado, pero sé que, en cierta forma, lo leíste mientras lo escribí. Nos acompañamos y nos sentimos, en el silencio de la despedida, en el silencio del amor y la compasión, y seguimos descubriendo su poder sanador. Gracias, papá, por tantas enseñanzas.

Bibliografía

Alvarado, J., *Historia de los métodos de meditación no dual*, Madrid, Sanz y Torres, S. L., 2012.

Appey Rinpoche, K., *Enseñanzas sobre «Iluminando el legado del sabio»*, La Sella-Pedreguer, Fundación Sakya, 2017.

Augusto, S., *Pilgrimages to emptiness*, Pari Publishing, 2017.

Beck, A., *Terapia cognitiva de la depresión*, Barcelona, DDB, 1983.

—, Freeman *et al.*, *Terapia cognitiva de los trastornos de personalidad*, Barcelona, Paidós, 1995.

Bowlby, J., *La pérdida afectiva: triste tristeza y depresión*, Buenos Aires, Paidós, 1983.

Castañedo, C., *Terapia Gestalt. Enfoque centrado en el aquí y el ahora*, Barcelona, Herder, 1988.

Chödrön, P., *La sabiduría de la no-evasión. La senda del amor compasivo que lleva a la liberación*, Barcelona, Oniro, 1998.

— y Duncan Oliver, J., *Vivir bellamente en la incertidumbre y el cambio*, Madrid, Gaia, 2013.

Chögyam, T., *Materialismo espiritual*, Bogotá, Karma Chö Phel Ling, 1992.

Dahl, C. J., Antoine Lutz y Richard J. Davidson, «Reconstructing and Deconstructing the Self: Cognitive Mechanisms in Meditation Practice», *Trends in Cognitive Sciences 19*, n.º 9 (2015): pp. 515-523

Dalai Lama, *Más allá de la religión: ética para todo el mundo*, Novelda, Dharma, 2016.

—, *La meditación paso a paso*, Barcelona, Debolsillo clave, 2001.

Deikman, A. J., *El yo observador: misticismo y psicoterapia*, Fondo de Cultura Económica, 1986.

Devananda, S. V., *Meditación y mantras*, Madrid, Alianza Editorial, 1980.

Didonna, F., *Manual clínico de Mindfulness*, Bilbao, Desclée de Brouwer, 2011.

Ellis, A. y Abrahms, E., *Terapia racional emotiva*, Bogotá, Alfomega, 2001.

Epicuro, *Sobre la felicidad*, Barcelona, Debate, 2000.

Foster Wallace, D., *Esto es agua: algunas ideas expuestas en una ocasión especial sobre cómo vivir con compasión*, Barcelona, Literatura Random House, 2014.

Frankl, V. E., *El hombre en busca de sentido*, Barcelona, Herder, 1991.

—, *Psicoanálisis y existencialismo*, México, Buenos Aires, Fondo de Cultura Económica, 1957.

Goleman, D., *Destructive emotions: How can we overcome them? A scientific dialogue with the Dalai Lama*, Nueva York, Bantam Books, 1988.

—, *La meditación y los estados superiores de consciencia*, Málaga, Sirio, 2004.

Grermer, C., Siegel, R. y Fulton, P. (eds.), *Mindfulness and psychotherapy*, Nueva York, Guilford Press, 2013.

Hanson, R., y Mendius, R., *Cerebro de Buda: la neurociencia de la felicidad, el amor y la sabiduría*, Santander, Milrazones, 2011.

Hayes, S. C., Follette, V. M, y Lineah, M., *Mindfulness and acceptance: Expanding the cognitive-behavioral tradition*, Nueva York, Guilford Press, 2011.

Johnson, D. C., *El camino a Nibbana*, Annapolis, Amazon Distribution, 2021.

Kabat-Zinn, J., *La práctica de la atención plena*, Barcelona, Kairós, 2007.

—, *Vivir con plenitud las crisis: cómo utilizar la sabiduría del cuerpo y de la mente para afrontar el estrés, el dolor y la enfermedad*, Barcelona, Kairós, 2004.

Killingworth, M. A., y Gilbert, D. T., «A Wandering Mind Is an Unhappy Mind», *Science 330*, n.º 606 (2010): p. 932.

Konchog Lhundrub, N., *El bello ornamento de la triple visión*, Barcelona, Sakya Gephel Ling, 2014.

Kornfield, J., *La sabiduría del corazón: una guía a las enseñanzas universales de la psicología budista*, Barcelona, La Liebre de Marzo, 2015.

Krishnamurti, J., *La mente que no mide*, Buenos Aires, Errepar, 1999.

—, *Reflexiones sobre el yo*, Buenos Aires, Errepar, 1999.

Lama Ngaklo Rinpoche, *Clear lamp on the path of liberation*, Gorum Publications, 2019.

Lama Ole Nydahl, *Naturaleza de la mente*, Bogotá, Garuda, 1994.

Linehan, M. M., *Manual de tratamiento de los trastornos de personalidad límite*, Barcelona, Paidós Ibérica, 2003.

Millon, T., *Trastornos de la personalidad*, Barcelona, Masson, 1999.

Mingyur Rinpoche, Y., *Transformar la confusión en claridad: una guía de las prácticas fundacionales del budismo tibetano*, Barcelona, Kairós, 2016.

Moscoso, M., «Hacia un análisis cognitivo del cambio conductual: el comportamiento social proactivo», *Revista de Psicología 14*, n.º 1, 1996, pp. 47-72.

Nyanaponika, *The Heart of Buddhist Meditation*, Nueva York, Weiser Books, 1973.

Olendzki, A., «Mindfulness and Meditation», en Fabrizio Didonna (ed.), *Clinical Handbook of Mindfulness*, Nueva York, Springer, 2009.

Preece, R., *Preparing for Tantra*, Boston, Snow Lion, 2011.

—, *The Psychology of Buddhist Tantra*, Boston, Snow Lion, 2000.

Ricard, M., *En defensa de la felicidad*, Barcelona, Urano, 2011.

Rimpoché, P., *Las palabras de mi maestro perfecto*, Barcelona, Kairós, 2014.

Rimpoché, S., *El libro tibetano de la vida y de la muerte*, Barcelona, Urano, 2006.

Segal, Z. V., *et al.*, *Terapia cognitiva de la depresión basada en la consciencia plena: un nuevo abordaje para la prevención de las recaídas*, Bilbao, Desclée de Brouwer, 2006.

Shantideva, *La práctica del Bodisatva*, Novelda, Dharma, 2008.

Siegel, D. J., *Cerebro y mindfulness*, Barcelona, Paidós Ibérica, 2010.

—, *The Developing Mind: Toward a Neurobiology of Interpersonal Experience*, Nueva York, Guilford, 1999.

Tegchok, K. J., *Una mirada al vacío*, Ediciones Amara, 2012.

Thera, N., *Dhammapada*, Madrid, Arca de Sabiduría, 1994.

Thich Nhat Hanh, *El milagro del mindfulness*, Oniro, 2007.

—, *Estás aquí. La magia del presente*, Barcelona, Kairós, 2001.

—, «Five Steps to Mindfulness», *Mindful,* 23 de agosto de 2010.

—, *Hacia la paz interior*, Debolsillo clave, 1991.

Winnicott, D. W., *Los procesos de maduración y el ambiente facilitador: estudios para una teoría del desarrollo emocional*, Buenos Aires, Paidós, 1993.

—, *La familia y el desarrollo del individuo*, Buenos Aires, Hormé, 1980.

Yalom, I., *Psicoterapia existencial*, Barcelona, Herder, 2018.

Yin-Shun, *La vía hacia la budeidad*, Novelda, Dharma, 2008.